# Das Gesetz

über

# Kleinbahnen und Privatanschlussbahnen

in Preussen

vom 28. Juli 1892

unter Bezugnahme

auf die zu demselben erlassene Ausführungsanweisung

erläutert

von

Karl Köhne,

Königl. Eisenbahn-Bau- und Betriebsinspector.

Springer-Verlag Berlin Heidelberg GmbH 1893

ISBN 978-3-662-38874-7 ISBN 978-3-662-39800-5 (eBook)
DOI 10.1007/978-3-662-39800-5

# Vorwort.

Das Gesetz über Kleinbahnen und Privatanschlussbahnen vom 28. Juli 1892 eröffnet für die Entwicklung des Eisenbahnwesens in Preussen einen neuen Abschnitt. Derselbe kann bedeutungsvoll und segensreich werden, wenn die dem Gesetze zu Grunde liegenden Absichten richtig aufgefasst werden und zu einer energischen Bethätigung auf dem Gebiete des Kleinbahnwesens Veranlassung geben. In dieser Hinsicht aufklärend zu wirken, ist der Wunsch des Verfassers der nachstehenden Arbeit, für welche ausser dem bezeichneten Gesetze die zu demselben von dem Minister des Innern und dem Minister der öffentlichen Arbeiten gemeinschaftlich erlassene Ausführungsanweisung vom 22. August 1892 und die das Gesetz betreffenden Drucksachen des Abgeordnetenhauses und des Herrenhauses benutzt sind. Das sachlich Zusammengehörige ist aus diesen Unterlagen zusammengestellt und nach Bedürfniss erläutert. Der Verfasser möchte glauben, dass hierdurch der Ueberblick über die in Frage kommenden Einzelheiten, sowie überhaupt das Verständniss für die wichtigen Zwecke des Gesetzes erleichtert wird. Derselbe wünscht daher eine Verbreitung seiner Arbeit in den zahlreichen betheiligten Kreisen, insbesondere bei den Unternehmern, bei den Angehörigen der Landwirthschaft, der Forstwirthschaft, der Industrie, der Gewerbe, bei den städtischen Verwaltungen, bei den Eisenbahnverwaltungen usw.

Berlin, im Januar 1893.

**Der Verfasser.**

# I. Einleitung.

Es lag in der Natur der Verhältnisse, dass das Interesse für den Bau von Eisenbahnen anfänglich, als die Bedeutung der vielfach angezweifelten neuen Einrichtung in ihrer grossartigen Tragweite auch von weitschauenden Geistern kaum erfasst wurde, sich im Allgemeinen nur solchen Strecken zuwandte, welche nach Massgabe der schon vorhandenen Verkehrsgestaltung die Sicherheit gewährten, dass der beträchtliche Kostenaufwand für Eisenbahnen nicht nutzlos verschwendet werde. Diese Strecken eröffneten den Ausbau der sogenannten Haupt- oder Vollbahnen, welche in Deutschland auf Grund des Bahnpolizei-Reglements (vom 1. Januar 1893 ab »Betriebsordnung für die Haupteisenbahnen Deutschlands«) betrieben werden. Im weiteren Verlaufe trat aus den verschiedenartigsten Gründen das Bedürfniss hervor, auch gewisse, zwar als Theile des allgemeinen Netzes zu betrachtende, aber minderwerthige Eisenbahnen zu bauen, welchen, wenn sie mit dem ganzen Schwergewichte der für die Hauptbahnen vorgeschriebenen Einrichtungen und der denselben auferlegten Leistungen belastet worden wären, von vornherein ein Keim der Verkümmerung oder gar des Todes in das Dasein mitgegeben sein würde. Die Erkenntniss dieser Sachlage gab Veranlassung, eine zweite Gattung von Bahnen zu schaffen, für welche in Deutschland die Bahnordnung für die Eisenbahnen untergeordneter Bedeutung (vom 1. Januar 1893 ab die »Bahnordnung für die Nebeneisenbahnen Deutschlands«) maassgebend ist. Die proteusartige Gestaltungsfähigkeit der Eisenbahnen entwickelte sich indessen mehr und mehr in einer Vielseitigkeit, welche in den Rahmen der bestehenden gesetzlichen und verwaltungsseitigen Vorschriften nicht immer hineinpasste und in Folge dessen vielfache Schwierigkeiten verursachte. Dies zeigte sich vornehmlich bei den in neuerer Zeit an Zahl zunehmenden Bahnen einfachster Art und rein örtlicher Natur, welche nicht als Glieder des allgemeinen Eisenbahnnetzes gelten können, sondern bestimmt sind, von demselben nicht berührte Ortschaften an dasselbe anzuschliessen oder letztere unter einander zu verbinden. Für die Lebensfähigkeit solcher Bahnen ist die weitgehendste, mit der Wahrung der allgemeinen Interessen noch verträgliche Bewegungsfreiheit, welche die engste Anschmiegung an die jeweiligen örtlichen Verhältnisse unter thunlichster Einschränkung der Ausgaben ermöglicht, das dringendste Bedürfniss; die baulichen Anlagen, die Verwaltung, insbesondere aber der Betrieb dieser Bahnen, müssen daher von allen irgend entbehrlichen Erschwernissen befreit werden.

In Italien, Holland, Belgien, auch in einzelnen Gebieten Deutschlands und in anderen Staaten ist die Aufmerksamkeit der betheiligten Kreise schon seit geraumer Zeit auf die hohe Bedeutung derartiger kleiner Verkehrsadern für den Wohlstand des Landes hingelenkt. Gesetzgebung, Verwaltung, Gemeinden, Körperschaften, wirthschaftliche Verbände, Privatunternehmer u. s. w. haben sich in den genannten Ländern dieser Frage mit Nachdruck bemächtigt, und das Ergebniss dieser Bestrebungen ist eine grosse Zahl solcher Bahnen, deren segensreiche Einwirkung auf die Entwicklung des Verkehrs allgemein gewürdigt wird.

In Preussen ist diese Gattung von Bahnen bisher vernachlässigt worden. Diese Thatsache steht in unverkennbarem Zusammenhange mit der eigenartigen Richtung der preussischen Eisenbahnpolitik. Die energische Erfassung und Ausgestaltung des Staatsbahngedankens, welche seit dem Beginne der Verstaatlichung der Privatbahnen im Jahre 1879 die betheiligten Kräfte zu einer ungewöhnlichen Anspannung ihrer Leistungsfähigkeit genöthigt hat, drängte zunächst naturgemäss dahin, das Chaos zu lichten, welches durch den Uebergang der unter den verschiedenartigsten Voraussetzungen entstandenen und nach den verschiedenartigsten Gesichtspunkten geleiteten Privatbahnen in die Verwaltung des Staates unvermeidlich war. Zu diesem Behufe musste durch einen planmässigen und zielbewussten, inneren und äusseren Umbildungsprocess ein völlig neuer Organismus geschaffen werden, welcher bis in die geringsten Einzelheiten von gleichartigen, derselben Quelle entstammenden Grundsätzen erfüllt sein, in dessen fernsten Verästelungen der von der Centralstelle ausgegangene Grundgedanke harmonisch ausklingen sollte. Gleichzeitig mit diesem überwiegend die Hauptbahnen betreffenden Umwandlungsprocesse war der weitere Ausbau des Eisenbahnnetzes zu betreiben, und zwar insbesondere in einer Richtung, welcher die früheren Privatbahnen sich mit wohlverständlicher Absichtlichkeit entzogen hatten. Das lediglich privatwirthschaftliche Interesse der letzteren für den Bau von Eisenbahnen war im Allgemeinen durch die voraussichtliche Rentabilität derselben bedingt. Die gefühlvollere Auffassung, dass die Eisenbahnen eine Wohlfahrtseinrichtung für die Allgemeinheit, ein Mittel zur Stärkung der Steuerkraft des Volkes, zur Erschliessung und Förderung wirthschaftlich vernachlässigter Landestheile sein sollte, konnte mit voller Wärme und mit Nachdruck erst durch den Staat vertreten werden, welcher unter gewissen Voraussetzungen auf die unmittelbare Ertragsfähigkeit einzelner Eisenbahnstrecken verzichten durfte, wenn durch die Herstellung derselben höheren, allgemeineren Interessen zu nützen war. Als Folgewirkung dieser Auffassung sind in Preussen seit dem Anfange der Verstaatlichung über 6000 km Bahnen untergeordneter Bedeutung (oder Nebenbahnen, wie die amtliche Bezeichnung vom 1. Januar 1893 ab lauten wird) entstanden, fast ein Drittel des jetzigen preussischen Staatsbahnnetzes! — Es ist schwer zu glauben, dass ein derartiges Ergebniss unter der Herrschaft des Privatbahnsystems erzielt worden wäre, und der Hinweis auf diese Leistung allein sollte eigentlich schon genügen, ein allzu lautes Lob des letzteren, wie es zeitweise, unbekümmert um die seitherige völlige Umgestaltung der in Frage kommenden Verhältnisse, versucht wird, auf ein angemessenes Maass einzuschränken.

Die offenkundige, bei jeder Vorlage des Staatshaushaltsetats im Landtage von Neuem bestätigte Bereitwilligkeit der Staatsverwaltung, nach Maassgabe der verfügbaren Mittel weitere Nebenbahnen zu bauen, hat nun eine wahre Hochfluth mehr oder minder berechtigter bezüglicher Wünsche gezeitigt, deren Gesammterfüllung schon an der Unmöglichkeit, die nöthigen Geldmittel bereit zu stellen, hätte scheitern müssen. Immerhin aber war doch nicht zu verkennen, dass noch weitgehende Forderungen der Befriedigung harren, um die Vortheile, welche die Bewegung von Lasten mittelst Eisenbahnen gewährt, im Interesse der fortdauernd schwieriger sich gestaltenden Wettbewerbsbestrebungen auszunutzen. Bei solchen Erwägungen liess der Vergleich mit anderen Ländern die erwähnten kleinen Bahnen unterster Ordnung in Preussen vermissen, denn die vom Staate gebauten Haupt- und Nebenbahnen sind fast ausschliesslich unter der Voraussetzung der Zugehörigkeit derselben zu einem grossen allgemeinen Eisenbahnnetze mit Einrichtungen umfangreicherer Art ausgestattet, welche Bahnen unterster Ordnung wirthschaftlich ruiniren würden.

Dass die Herstellung von Bahnen der letztgenannten

Gattung in das Programm der Staatsbahnverwaltung nicht aufgenommen ist, entspricht durchaus der natürlichen Aufgabe der letzteren als Vermittlerin solcher Verkehrsinteressen, welche mindestens den Rahmen der engsten örtlichen Beziehungen überschreiten. Insoweit dies nicht der Fall ist, sind Gemeinden, örtliche Verbände, Private usw. zweifellos die berufenen Vertreter und Verwalter von Bahnunternehmungen, welche zu ihrem Gedeihen der freiesten Entfaltung ihrer Kräfte bedürfen, um sich den jeweiligen Verhältnissen in einfachster äusserer und innerer Gestaltung anpassen zu können. Die bisher nicht genügende practische Anwendung dieser wirthschaftlichen Thatsache in Preussen ist zum Theil wohl durch die unzulänglichen und unbestimmten Rechtsverhältnisse der in Rede stehenden Bahnen veranlasst worden. Im Uebrigen aber hat ja auch die Energie, mit welcher die Staatsbahnidee ihre Lebenskraft bewies, gewissermassen eine verblüffende Einwirkung auf die privaten Unternehmerkreise ausgeübt und vielfach die auf ihre Folgerichtigkeit wohl kaum hinlänglich geprüfte Vorstellung erzeugt, als ob Eisenbahnen in Preussen eigentlich nur noch von dem Staate zu bauen seien. Bei dieser Sachlage war ein Eingreifen der Staatsverwaltung im allgemeinen Interesse geboten. Letztere hat demgemäss dem Landtage in seiner diesjährigen Tagung eine Vorlage über sogenannte Kleinbahnen unterbreitet, welche bezweckt, durch feste und sachgemässe Ordnung der bezüglichen Rechtsverhältnisse die Entwicklung dieser wichtigen Verkehrsanstalten zu fördern und nichtstaatliche Interessentenkreise zur Herstellung derselben anzuregen, wobei namentlich auch auf die Mitwirkung des einheimischen Privatkapitals gerechnet wird. Mit dieser Vorlage ist gleichzeitig die bisher ebenfalls vermisste Regelung des Rechtsverhältnisses der Privatanschlussbahnen, insoweit dieselben für den Betrieb mit Maschinenkraft eingerichtet sind, nach Maassgabe ihrer besonderen Natur und ihrer Bedürfnisse verbunden. Selbstverständlich gilt auch für diese Bahnen der Grundsatz, dass jede durch Interessen der Sicherheit nicht unbedingt gebotene Beschränkung und Belastung derselben zu vermeiden ist. Diese Vorlage ist unter dem 28. Juli v. J. als Gesetz vollzogen.

---

## 2. Kleinbahnen.

### a) Begriffs-Feststellung.

Nach der Begriffsfestsetzung des Gesetzes sind als Kleinbahnen solche dem öffentlichen Verkehre dienenden Eisenbahnen anzusehen, welche wegen ihrer geringen Bedeutung für den allgemeinen Eisenbahnverkehr dem Preussischen Gesetze über die Eisenbahnunternehmungen vom 3. November 1838 nicht unterliegen, insbesondere der Regel nach solche Bahnen, welche hauptsächlich den örtlichen Verkehr innerhalb eines Gemeindebezirkes oder benachbarter Gemeindebezirke vermitteln, sowie Bahnen, welche nicht mit Locomotiven betrieben werden.

Inwieweit die Bezeichnung »Kleinbahnen« das Wesen dieser Anlagen zu einem klaren, allgemein verständlichen Ausdrucke bringt, mag dahingestellt bleiben. Eine ungetheilte Zustimmung hat sie nicht gefunden, wozu freilich das im Laufe der Zeit wohl zurücktretende Ungewohnte des neugebildeten Wortes beitragen mag; in jedem Falle aber wird man als Gegensatz den in die amtliche Bezeichnungsweise bisher nicht aufgenommenen Ausdruck »Grossbahnen« vermissen. In dem Gesetzentwurfe war ursprünglich die Bezeichnung »Bahnen unterster Ordnung« gewählt, gegen welche jedoch im Landtage Einwendungen erhoben sind.

Da Worte fremdländischen Klanges wie »Lokalbahnen« oder »Tertiärbahnen« mit Rücksicht auf die bekannten Bestrebungen, entbehrliche Fremdwörter zu vermeiden, von der Wahl geradezu ausgeschlossen waren, so ergab die Bevorzugung der Bezeichnung »Kleinbahnen« sich als eine Verlegenheitsmaassregel, welcher zugestimmt ist in Ermangelung eines geeigneteren Ausdruckes und in der wohl nicht unberechtigten Auffassung, dass diese Frage einer wesentlichen Bedeutung entbehrt, zumal im Allgemeinen jeder Bahn eine besondere Kennzeichnung gegeben und demgemäss der Gattungsbegriff in der Oeffentlichkeit kaum zur Geltung gelangen wird.

Die räumliche Umgrenzung des neuen Rechtsgebietes war zunächst durch die einschlägigen Bestimmungen der Reichsgesetzgebung und der Landesgesetzgebung bedingt. Seitens der ersteren kamen hierbei Artikel 4 Nr. 8 und die Artikel 41 bis 47 der Verfassung des Deutschen Reiches, sowie § 6 und im Anschlusse an denselben die §§ 37 und 74 der Reichsgewerbeordnung vom 21. Juni 1869 in Frage. Die Verfassung, welche für das Reich das Aufsichtsrecht über die Eisenbahnen und die aus demselben sich ergebenden Folgerungen nur dann in Anspruch nimmt, wenn es sich um Interessen der Landesvertheidigung und des allgemeinen Verkehrs handelt, konnte keine Veranlassung geben, die Zuständigkeit der Landesregierung in Bezug auf Bahnen von lediglich örtlicher Bedeutung zu bezweifeln. Minder bestimmt ist das Verhältniss derselben zu der Gewerbeordnung erschienen. Gemäss § 6 der letzteren sind Eisenbahnunternehmungen von den Bestimmungen derselben ausgenommen. Da die Gewerbeordnung jedoch eine Erläuterung darüber, was unter Eisenbahnunternehmungen zu verstehen ist, nicht enthält, so ist in dieser Hinsicht ein gewisser Spielraum geblieben je nach der Auslegung, welche diesem Begriffe von zuständiger Stelle aus gegeben wird. Insbesondere handelt es sich hierbei um die Pferdebahnen und um solche Bahnen, welche nicht mit Dampfkraft, sondern mit anderen elementaren Kräften betrieben werden. In Preussen sind Pferdebahnen, abweichend von der Auslegung, welche § 6 der Gewerbeordnung in den meisten anderen deutschen Bundesstaaten gefunden hat, als Eisenbahnunternehmungen im Sinne desselben bisher nicht behandelt worden. Diese Auffassung verdankt ihre Entstehung wohl dem Zufalle, dass bei dem Inkrafttreten der Gewerbeordnung ausser den Lokomotivbahnen im Sinne des Preussischen Eisenbahngesetzes vom 3. November 1838 nur Pferdebahnen rein örtlicher Natur vorhanden waren, für welche besondere Vorschriften fehlten. Die Unterstellung der Pferdebahnen unter die Gewerbeordnung ergab sich demgemäss aus Zweckmässigkeitsgründen als ein Nothbehelf, welcher indessen in neuerer Zeit bereits wiederholt, u. a. wenn eine Pferdebahn die Grenze eines Gemeindebezirkes überschreitet, Unzuträglichkeiten veranlasst hat. Inzwischen sind nun in Bezug auf das Haftpflichtgesetz vom 7. Juni 1871 — dasjenige Reichsgesetz, welches nach dem Erlasse der Gewerbeordnung zuerst Veranlassung gegeben hat, den Begriff eines Eisenbahnunternehmens klar zu stellen — nach Maassgabe der Motive zu § 1 Unternehmer von Pferdebahnen ausdrücklich den übrigen Eisenbahnunternehmern gleichgestellt. Ferner hat auch das Reichsgericht in einem Erkenntnisse vom 17. März 1880 über eine Haftpflichtangelegenheit folgende Entscheidung abgegeben: »Sprachlich bedeutet Eisenbahn ganz allgemein eine Bahn von Eisen zwecks Bewegung von Gegenständen auf derselben. Verknüpft man diesen Wortlaut mit dem Gesetzeszweck, so gelangt man im Geiste des Gesetzes zu keiner engeren Bestimmung jener sprachlichen Bedeutung des Wortes »Eisenbahn«, um den Begriff eines Eisenbahnunternehmens im Sinne des Gesetzes zu gewinnen, als derjenigen: ein Unternehmen, gerichtet auf wiederholte Fortbewegung von Personen oder Lasten über nicht ganz unbedeutende Raumstrecken auf metallener Grundlage, welche durch ihre Consistenz, Construction und Glätte den Transport grosser Gewichtsmassen, beziehungsweise die Erzielung einer verhältnissmässig bedeutenden Schnelligkeit der Transportbewegung zu ermöglichen bestimmt ist und durch diese Eigenart, in Verbindung mit den ausserdem zur Erzeugung der Transportbewegung benutzten Naturkräften (Dampf, Elektricität, thierischer oder menschlicher Muskelthätigkeit) bei dem Betriebe des Unternehmens auf derselben eine verhältnissmässig gewaltige Wirkung zu erzeugen fähig ist.« Da nun die in diesem Erkenntnisse angegebenen Merkmale ebensowohl für Pferdebahnen, wie für sonstige durch mechanische Kräfte betriebene Bahnen zutreffen, so erscheint es gerechtfertigt, die Strassenbahnen als Eisenbahnunternehmungen im Sinne des § 6 der Gewerbeordnung zu betrachten, insofern sie als öffentliche Verkehrsanstalten dienen. Dieser Auffassung ist auch Seitens der zuständigen Reichsbehörde zugestimmt. Demgemäss ist in dem Gesetze über die Kleinbahnen der Begriff derselben möglichst umfassend gehalten und überhaupt auf alle in Frage kommenden Bahnen mit oder ohne Lokomotivbetrieb ausgedehnt.

Nach dem angegebenen Wortlaute des Kleinbahngesetzes sind Kleinbahnen und die dem Eisenbahngesetze vom 3. November 1838 unterworfenen Bahnen nur in der allgemeinen verneinenden Form unterschieden, dass erstere wegen ihrer geringen Bedeutung für den allgemeinen Verkehr jenem Gesetze nicht unterliegen. Diese Unbestimmtheit ist dem Umstande zuzuschreiben, dass trotz vielseitigster Bemühungen eine völlig befriedigende, klare und erschöpfende Erklärung des Begriffes »Kleinbahnen« nicht hat gefunden werden können. Als besondere Merkmale derselben im Gegensatze zu anderen Bahnen sind weder Spurweite, noch Fahrgeschwindigkeit, noch sonstige äussere technische Eigenthümlichkeiten maassgebend. Beispielsweise kann eine normalspurige Bahn unter Umständen wohl zu den Kleinbahnen, dagegen eine schmalspurige Bahn bei hochentwickelten Verkehrsverhältnissen zu dem allgemeinen Eisenbahnnetze gerechnet werden. Der Umfang des Verkehrs, zu welchem die Betriebskosten und auch die Betriebsgefahren in einem gewissen Abhängigkeitsverhältnisse stehen, möchte vielleicht die weitgehendste Begriffsscheidung der genannten beiden Bahngattungen ermöglichen; immerhin sind auch in dieser Hinsicht Zweifel denkbar. Die Schwierigkeit der Begriffsfeststellung ist u. a. neuerdings auch in dem italienischen Parlamente bei der Berathung eines Gesetzentwurfes über Bahnen unterster Ordnung, die sogenannten Vizinalbahnen, empfunden und gewürdigt. Mit Rücksicht auf die besonderen italienischen Verhältnisse hat man daselbst als solche Bahnen diejenigen bezeichnet, für welche die vorhandenen Strassen benutzt werden, ohne dass der Strassen- und Bahnverkehr von einander durch irgendwelche Anlagen — höhere Lage des Bahnkörpers, Zäune oder drgl. — getrennt sind. Diese Erklärung ist für die preussischen Verhältnisse jedoch nicht verwendbar. Die Entscheidung darüber, ob eine Bahn als Kleinbahn oder als Bahn im Sinne des Eisenbahngesetzes vom 3. November 1838 anzusehen ist, wird daher in jedem einzelnen Falle von den Besonderheiten derselben abhängen und ist nach Maassgabe des Kleinbahngesetzes auf etwaiges Anrufen der Betheiligten Seitens des Staatsministeriums zu treffen. Durch letztere Vorschrift soll eine von einseitigen Ressortauffassungen unabhängige, alle Seiten der Angelegenheit gleichmässig berücksichtigende Behandlung der geplanten Unternehmungen gewährleistet werden. Das Staatsministerium darf in dieser Hinsicht um so mehr als die geeignete Stelle bezeichnet werden, als dasselbe ohnehin schon bisher durch die Mitwirkung bei der Concesssionirung von Bahnen auf Grund des Eisenbahngesetzes bei der Entscheidung der Frage, ob dieselben letzterem zu unterstellen sind oder nicht, betheiligt ist.

### b) Zuständige Behörden.

Zur Herstellung und zum Betriebe einer Kleinbahn ist die Genehmigung der zuständigen Behörde erforderlich. Dasselbe gilt für wesentliche Erweiterungen oder sonstige wesentliche Aenderungen des Unternehmens, der Anlage oder des Betriebes.

Zuständig zur Ertheilung der Genehmigung ist:

1. wenn der Betrieb ganz oder theilweise mit Maschinenkraft beabsichtigt wird, der Regierungspräsident, für den Stadtkreis Berlin der Polizeipräsident, im Einvernehmen mit der von dem Minister der öffentlichen Arbeiten bezeichneten Eisenbahnbehörde;
2. in allen übrigen Fällen, und zwar:
   a) sofern Kunststrassen[1]), welche nicht als städtische Strassen in der Unterhaltung und Verwaltung von

---

[1]) Nach Maassgabe der von dem Minister des Innern und dem Minister der öffentlichen Arbeiten gemeinschaftlich unter dem 22. August d. J. erlassenen Ausführungsbestimmungen zu dem Kleinbahngesetze sind als Kunststrassen im Sinne derselben anzusehen:

a) für den Geltungsbereich des Gesetzes vom 20. Juni 1887 (Gesetzsammlung S. 301) die im § 12 daselbst näher bezeichneten Kunststrassen, nämlich:
   1. alle Kunststrassen, auf welche die Verordnung vom 17. März 1839, betreffend den Verkehr auf den Kunststrassen (Gesetzsamml. 1839 S. 80), Anwendung findet;
   2. alle Kunststrassen, für welche das Recht zur Erhebung von Chausseegeld verliehen ist oder die zusätzlichen Bestimmungen zu dem Chausseegeldtarif vom 29. Februar 1840 (Gesetzsamml. 1840 S. 97) für anwendbar erklärt sind;
   3. diejenigen Kunststrassen, welche auf Antrag der Unterhaltungspflichtigen als solche staatlich vom Oberpräsidenten anerkannt werden;

b) für die Provinz Hannover die Chausseen und Landstrassen;

c) für Schleswig-Holstein mit Ausnahme des Kreises Herzogthum Lauenburg die in der Unterhaltung der Provinz befindlichen Haupt- und Neben-Landstrassen und die in der Unterhaltung der Kreise befindlichen ausgebauten Neben-Landstrassen;

Stadtkreisen stehen, benutzt oder von der Bahn mehrere Kreise oder nicht preussische Landestheile berührt werden sollen, der Regierungspräsident, im ersten Falle für den Stadtkreis Berlin der Polizeipräsident,

b) sofern mehrere Polizeibezirke desselben Landkreises berührt werden, der Landrath,

c) sofern das Unternehmen innerhalb eines Polizeibezirks verbleibt, die Ortspolizeibehörde.

Wenn die zum Betriebe mit Maschinenkraft einzurichtende Bahn die Bezirke mehrerer Landespolizeibehörden berührt, oder in dem Falle 2a die betreffenden Kreise nicht in demselben Regierungsbezirke liegen, bezeichnet der Oberpräsident, falls jedoch die Landespolizeibezirke bezw. Kreise verschiedenen Provinzen angehören oder Berlin betheiligt ist, der Minister der öffentlichen Arbeiten im Einvernehmen mit dem Minister des Innern die zuständige Behörde.

Zur Anlegung von Bahnen in den Strassen von Berlin und Potsdam bedarf es Königlicher Genehmigung.

Für die Festsetzung der zuständigen Behörden ist zunächst der Umstand maassgebend gewesen, dass es sich im Wesentlichen um Angelegenheiten polizeilicher Art handelt, zu deren Beurtheilung und Entscheidung lediglich die Staatsverwaltung berufen ist. Die betreffenden Behörden sind demgemäss in unmittelbarer Anlehnung an die allgemeine

---

d) für die Provinz Hessen-Nassau die vormaligen Staatsstrassen, die Provinzial-, Districts- und chaussirten Verbindungsstrassen sowie die Landwege;

e) für die Hohenzollernschen Lande die Landstrassen;

f) für den Kreis Herzogthum Lauenburg die Landstrassen.

Behufs Behebung von Zweifeln darüber, inwieweit etwa bei Kunststrassen, bei deren Unterhaltung und Verwaltung Stadtkreise betheiligt sind, die Zuständigkeit der Regierungspräsidenten auszuschliessen ist, sollen alsbald bezügliche Verständigungen herbeigeführt werden.

Ordnung der Zuständigkeit in Polizeiangelegenheiten bestimmt. Der naheliegende Vorschlag, diese Zuständigkeit auf die Selbstverwaltungsbehörden der Provinzen zu übertragen, welchen auch sonst in der Gesetzgebung polizeiliche Befugnisse eingeräumt sind und welchen insbesondere auch in Folge des Gesetzes vom 8. Juli 1875 die Wegeverwaltung obliegt, hat bei eingehender Prüfung der Verhältnisse als zweckmässig nicht anerkannt werden können. Es erscheint zweifellos, dass der Selbstverwaltung die Vorbedingungen, namentlich auch die sachverständigen Personen zur Ermittlung und Beurtheilung der bei der Concessionirung von Bahnen in Frage kommenden vielfältigen Einzelheiten nicht immer zur Verfügung stehen würden. Insbesondere würde dies hinsichtlich der mit Maschinenkraft betriebenen oder für den Betrieb mit solcher eingerichteten Bahnen fühlbar werden, welche in der Regel für weitere Kreise eine grössere Bedeutung haben. Die Anordnung der für solche Bahnen im Interesse der allgemeinen Sicherheit so überaus wichtigen Betriebsvorschriften, sowie die sachgemässe Ueberwachung derselben kann von den Behörden der Selbstverwaltung nicht erwartet werden, da denselben im Allgemeinen nicht Gelegenheit gegeben ist, sich auf diesem Gebiete practisch zu bethätigen, auf welchem sehr wesentliche Unterschiede im Vergleiche zu den Chausseen bestehen. Die Mitwirkung der Eisenbahnbehörden bei der Ertheilung der Genehmigung für die bezeichneten Bahnen ist daher im Interesse sowohl der Allgemeinheit, als auch der Unternehmer selbst geradezu ein Gebot der Nothwendigkeit. Bei einer Verbindung der Zuständigkeit für die Genehmigung mit dem Strasseneigenthum würde überdies eine Lücke für solche Bahnen entstehen, welche, wie z. B. manche Zahnrad-, Seil- und Hochbahnen, einen Strassenkörper überhaupt nicht benutzen. Ferner würden alsdann unliebsame und der Absicht des Gesetzes widersprechende Verzögerungen der Genehmigung wahrscheinlich sein, da die oberen Instanzen der Selbstverwaltungsbehörden (Kreisausschüsse) nicht sehr häufig zusammentreten. Schliesslich würde es auch schon deshalb bedenklich erscheinen, der Selbstverwaltung eine derartige weitere, ihr bisher fremde Aufgabe zuzuweisen, weil dieselbe durch ihre sonstigen Geschäfte thatsächlich schon vielfach ausserordentlich belastet ist. Im Uebrigen ist den Behörden der Selbstverwaltung eine weitgehende Mitwirkung bei der Entstehung, bei dem Betriebe und bei der etwaigen Auflösung der Kleinbahn-Unternehmungen vorbehalten und demgemäss eine ausreichende Wahrung der örtlichen Interessen ermöglicht.

Die gesetzliche Vorschrift, dass die bei Ertheilung der Genehmigung der bezeichneten Unternehmungen mitwirkende Eisenbahnbehörde in jedem Einzelfalle durch den Minister der öffentlichen Arbeiten bestimmt wird, ist u. a. dadurch begründet, dass die Bezirke der Staatsbahnbehörden räumlich mit den Regierungsbezirken nicht übereinstimmen und dass unter Umständen an Stelle einer Eisenbahn-Direktion bezw. eines Eisenbahn-Betriebsamtes das Königliche Eisenbahn-Commissariat in Berlin mit der Uebernahme der in Frage kommenden Befugnisse beauftragt werden kann. Im Allgemeinen dürfte wohl die nächstgelegene Behörde gewählt werden. Demgemäss ist dem Minister der öffentlichen Arbeiten behufs Bezeichnung der betreffenden Eisenbahnbehörde von jedem Antrage auf Genehmigung einer zum Betriebe mit Maschinenkraft bestimmten Bahn Anzeige zu erstatten. Bei dieser Gelegenheit ist gleichzeitig unter Beibringung der zur Beurtheilung erforderlichen Unterlagen zu berichten, ob etwa die Bahn dem Gesetze vom 3. November 1838 zu unterstellen sein dürfte. Eine entsprechende Anzeige ist zwar auch bei anderen Anträgen auf Genehmigung einer Kleinbahn vorgeschrieben, insoweit es sich nicht um Pferdebahnen innerhalb städtischer Strassen handelt. Während jedoch bei einer für den Betrieb mit Maschinenkraft bestimmten Bahn das Genehmigungsverfahren nicht fortgesetzt werden darf, bevor die Entschliessung des Ministers vorliegt, ist in letzterem Falle der Fortgang des Verfahrens statthaft, wenn nicht ausnahmsweise die Anwendung des Eisenbahngesetzes angezeigt oder fraglich erscheint und die bezügliche Entscheidung des Ministers der öffentlichen Arbeiten eingeholt ist.

Die Zuständigkeit zur Genehmigung von wesentlichen Erweiterungen oder sonstigen wesentlichen Aenderungen eines Kleinbahn-Unternehmens, der Anlage und des Betriebes, regelt sich so, als ob das Unternehmen in der nunmehr geplanten Art neu zu genehmigen wäre. Jedoch bleibt zur Genehmigung von Aenderungen des Betriebes der bisher ganz oder theilweise mit Maschinenkraft betriebenen Unternehmungen diejenige Behörde maassgebend, welche die Genehmigung zum Bau und Betriebe ertheilt hat. Dieser Anordnung liegt die Voraussetzung zu Grunde, dass das öffentliche Interesse durch den Umstand, ob ein Unternehmen in der bisherigen Art weiter betrieben oder in irgend welcher Weise beschränkt wird, insbesondere ob der Betrieb mit Maschinenkraft aufgegeben wird, sehr erheblich berührt werden kann, und dass das sicherste Urtheil darüber, ob etwa dieses Interesse geschädigt wird, nur derjenigen Behörde zustehen kann, welche bisher die Aufsicht über das Unternehmen geführt hat. Für die Genehmigung des Ueberganges vom Betriebe mit Maschinenkraft zu einem andern Betriebe ist der Regierungspräsident im Einvernehmen mit der Eisenbahnbehörde zuständig; von der Rechtskraft der Genehmigung ab geht jedoch die Aufsicht auf diejenige Behörde über, welche zur Ertheilung der Genehmigung zuständig gewesen wäre, wenn die Bahn von vornherein nicht für den Betrieb mit Maschinenkraft bestimmt gewesen wäre. In solchen Fällen, in welchen die Genehmigung einer wesentlichen Erweiterung oder Aenderung des Unternehmens durch eine andere Behörde ertheilt ist als diejenige, welche die frühere Genehmigung ausgesprochen hat, beginnt die Zuständigkeit zur Beaufsichtigung ebenfalls mit der Rechtskraft der neuen Genehmigungsurkunde.

Als wesentliche Aenderung wird u. A. auch ein Wechsel des Unternehmers oder die Vereinigung einer Bahn mit einer anderen anzusehen sein. — Auch von jedem Antrage auf wesentliche Erweiterung oder Aenderung einer zum Betriebe mit Maschinenkraft bestimmten Kleinbahn, sowie auf Einführung des Maschinenbetriebes auf einer anderen Bahn ist dem Minister der öffentlichen Arbeiten Anzeige zu erstatten und dabei entsprechend zu verfahren wie den vorstehenden bezüglichen Angaben gemäss bei dem Antrage auf Genehmigung eines neuen Unternehmens.

Wenngleich der Regierungspräsident für die Ertheilung der Genehmigung in den seiner Zuständigkeit unterliegenden Fällen nach aussen zwar allein maassgebend ist, so ist in der Ausführungsanweisung zu dem Gesetze vom 22. August d. J. doch empfohlen, diejenige Eisenbahnbehörde, mit deren Einvernehmen die Genehmigungsurkunde ausgefertigt wird, in letzterer zu bezeichnen, damit der Unternehmer weiss, welche Eisenbahnbehörde für das Unternehmen bestellt ist. Ferner ist empfohlen, bei der Prüfung von Genehmigungsgesuchen, welche der Prständigkeit des Landrathes und der Ortspolizeibehörde unterliegen, technischen Beirath (Königliche Provinzial-, Kreis- oder städtische Baubeamte usw.) in denjenigen Fällen hinzuzuziehen, in welchen eine Bahn öffentliche Wege berührt, Flüsse überschreitet, oder in welchen sonstige nicht ganz einfache Bauverhältnisse vorliegen. Die hierdurch erwachsenden baaren Auslagen sollen, wie alle baaren Auslagen in dem Genehmigungsverfahren, dem Unternehmer zur Last fallen; weitere Kosten sollen demselben jedoch nicht auferlegt werden. —

In Bezug auf die Erfüllung der Genehmigungsbedingungen, sowie überhaupt der sonstigen gesetzlichen Vorschriften ist jede Kleinbahn der Aufsicht der jeweilig für sie zuständigen Behörde unterstellt. Die Aufsicht über die zum Betriebe mit Maschinenkraft eingerichteten Bahnen ist, soweit sie nicht eisenbahntechnischer Natur ist, im Einvernehmen mit der von dem Minister der öffentlichen Arbeiten zur Mitwirkung bei der Genehmigung berufenen oder mit der sonst etwa unter Umständen bestimmten Eisenbahnbehörde zu handhaben. Dagegen wird die lediglich eisenbahntechnische Beaufsichtigung der Bahnen mit Maschinenbetrieb von der Eisenbahnbehörde selbstständig ohne die Mitwirkung des Regierungs- (Polizei-) Präsidenten ausgeübt. Dieselbe hat sich auf die Ueberwachung des Betriebes im engeren Sinne, und zwar auf die betriebssichere Unterhaltung der Bahnanlage und der Betriebsmittel, sowie auf die sichere und ordnungsmässige Durchführung der Züge zu beschränken und Anforderungen, welche mit Rücksicht auf die Betriebssicherheit nicht nothwendig sind, unbedingt zu vermeiden.

Polizeiliche Bestimmungen über den Betrieb auf den zum Betriebe mit Maschinenkraft eingerichteten Bahnen bedürfen der Zustimmung der Eisenbahnbehörde und, falls dieselbe versagt wird, der Genehmigung des Ministers der öffentlichen Arbeiten. Die dem Regierungspräsidenten sichere geordneten Behörden, welche zum Erlasse derartiger über ordnungen zuständig sind, haben sich in solchen Fällen zuvor seines Einverständnisses zu versichern.

Gegen die Beschlüsse und Verfügungen, für welche die Landespolizeibehörden in Verbindung mit den Eisenbahnbehörden zuständig sind, und gegen die Beschlüsse und Verfügungen der eisenbahntechnischen Aufsichtsbehörden ist die Beschwerde an den Minister der öffentlichen Arbeiten statthaft. Im Uebrigen stehen die nach den Bestimmungen der §§ 127 bis 130 des Gesetzes über die allgemeine Landesverwaltung vom 30. Juli 1883 (Gesetzsamml. S. 195) zulässigen Rechtsmittel zur Verfügung.

### c) Polizeiliche Prüfung vor der Genehmigung.

Wenngleich Bahnunternehmungen der in Rede stehenden Art, namentlich dann, wenn sie öffentliche Strassen benutzen, ein mehr oder minder fühlbares Monopol besitzen, so wird doch behufs thunlichster Vermeidung einer nicht unbedingt nothwendigen Einwirkung der Staatsgewalt auf dieselben von einer staatlichen Prüfung der Bedürfnissfrage und der finanziellen Sicherheit des Unternehmens im Einzelnen abgesehen. Dies erscheint namentlich auch deshalb angängig, weil erwartet werden darf, dass die als Strasseneigenthümer in der Regel betheiligten Gemeindeverbände ihre Interessen in diesen Beziehungen ausreichend wahren werden. Dagegen ist mit Rücksicht auf die vielfachen nachtheiligen und gefährlichen Einwirkungen, von welchen bei dem Betriebe solcher Bahnen das Personal derselben, das Publikum, benachbarte Grundstücke usw. betroffen werden können, sowie mit Rücksicht auf die Interessen der Verkehrspolizei, insbesondere bei der Benutzung öffentlicher Wege, und aus sonstigen verschiedenartigen Gründen eine polizeiliche Prüfung vor der Genehmigung der Kleinbahnen unerlässlich und daher gesetzlich vorgeschrieben. Durch die Ordnung der Zuständigkeit und der Rechtsmittel ist hierbei darauf hingewirkt, dass von den bezüglichen gesetzlichen Befugnissen ein sachgemässer Gebrauch gemacht und ein zu weit gehendes Eingreifen der Staatsorgane vermieden wird.

Die polizeiliche Prüfung hat sich bestimmungsgemäss zu beschränken:

1. auf die betriebssichere Beschaffenheit der Bahn und der Betriebsmittel;
2. auf den Schutz gegen schädliche Einwirkungen der Anlage und des Betriebes;

3. auf die technische Befähigung und Zuverlässigkeit der in dem äusseren Betriebsdienste anzustellenden Bediensteten;
4. auf die Wahrung der Interessen des öffentlichen Verkehrs.

Diese vier Punkte begrenzen den Rahmen, innerhalb dessen die polizeiliche Prüfung überhaupt statthaft ist; ein Zwang, in jedem Einzelfalle dieselben sämmtlich zum Gegenstande von Bestimmungen zu machen, ist jedoch nicht beabsichtigt. Für den Umfang der bei Ertheilung der Genehmigung festzusetzenden Vorschriften, Auflagen oder Vorbehalte sollen vielmehr nur die jedesmal sorgfältig zu erwägenden öffentlichen Interessen, über deren Bedürfnisse nicht hinausgegangen werden soll, entscheidend sein. Was zur Wahrung der öffentlichen Interessen gefordert werden muss, kann allerdings nicht durch allgemeine Vorschriften, sondern nur durch Prüfung der Verhältnisse im einzelnen Falle festgestellt werden.

Für die polizeiliche Prüfung werden in Bezug auf den Bau und den Betrieb u. A. insbesondere folgende Einzelheiten in Betracht kommen:

1. die Bahnlinie mit den Anschlussbahnen im Allgemeinen;
2. die besondere Anordnung der Bahn gemäss Lageplan (Krümmungen, Ausweichungen usw.) und Längenprofil;
3. die Anordnung und Construction der Spur, auf welcher die Beförderungsmittel sich bewegen sollen (Schienen, Seile, Weichen usw.);
4. die Anordnung und Construction der Unterstützungen (Hochbahnen, Brücken usw.) und der Ueberbrückungen (Wegeüberführungen, Tunnel);
5. die zur Sicherung der angrenzenden Grundbesitzer und öffentlichen Einrichtungen erforderlichen Neben-

anlagen, insbesondere auch diejenigen Einrichtungen, welche im Interesse der Vorfluth und zur Sicherung des Telegraphenverkehrs zu treffen sind;

6. insoweit öffentliche Wege usw. berührt werden,
   a) die Construction der in Betracht kommenden Theile der Strassen,
   b) die Sicherstellung der Unterhaltung und Wiederherstellung des öffentlichen Weges;
7. die Beförderungsmittel;
8. die beweglichen und feststehenden Maschinen, einschliesslich der Einrichtungen zur Erzeugung der Kraft und zur Uebertragung derselben auf die Beförderungsmittel;
9. die Bestimmungen über die technische Befähigung und Zuverlässigkeit des Betriebspersonals für den äusseren Dienst;
10. der Fahrplan;
11. der Tarif.

Der »äussere Betriebsdienst« ist in dem vorliegenden Falle begrenzter aufzufassen als bei den sonstigen Eisenbahnen. Zu dem Personale des äusseren Dienstes der Kleinbahnen soll nämlich nur dasjenige gerechnet werden, welches mit der Beförderung der Züge oder mit der Bahnunterhaltung unmittelbar zu thun hat (Locomotivführer, Heizer, Zugführer, Schaffner, Kutscher, Bahnmeister, das mit der Abfertigung der Züge vertraute Personal usw.), während in dem sonstigen Eisenbahnbetriebe das gesammte mit dem Publikum in Berührung kommende Personal zum Unterschiede von dem Bureaupersonale jener Gattung zugezählt wird. Ob bezw. inwieweit etwa eine vorgängige Prüfung der Bediensteten hinsichtlich ihrer technischen Befähigung für nothwendig erachtet wird, ist bei der Genehmigung zum Ausdrucke zu bringen. Jedenfalls sind an dieselben nicht eben so hohe

Anforderungen zu stellen, wie an das betreffende Staatsbahnpersonal. Bei Pferdebahnen wird es im Allgemeinen genügen, die Entfernung technisch nicht befähigter oder nicht zuverlässiger Bediensteten vorzubehalten. Unter der geforderten »technischen Zuverlässigkeit« ist Zuverlässigkeit in Bezug auf die Berufspflicht zu verstehen. — Bei den Berathungen des Gesetzes in dem Landtage wurde von mehreren Seiten die polizeiliche Prüfung der technischen Befähigung und Zuverlässigkeit der Bediensteten als entbehrlich bezeichnet, weil schon der Betriebsunternehmer das grösste Interesse habe, sich in dieser Hinsicht zu sichern und die erforderliche Ueberzeugung zu verschaffen. Mit Rücksicht auf die vielfachen Möglichkeiten einer Benachtheiligung der öffentlichen Sicherheit durch das Betriebspersonal musste jedoch die Befugniss der Polizei, ungeeignete oder unzuverlässige Elemente derselben entfernen zu können, als berechtigt anerkannt werden. —

Dem Antrage auf Ertheilung der Genehmigung sind die zur Beurtheilung des Unternehmens in technischer und finanzieller Hinsicht erforderlichen Unterlagen, insbesondere ein Bauplan, beizufügen. Diese Unterlagen sollen lediglich die vorgeschriebene polizeiliche Prüfung ermöglichen und daher auch nur unter dieser Voraussetzung verlangt werden. In der Regel werden nicht zu entbehren sein:

1. Für Bahnen, welche zum Betriebe mit Dampfkraft eingerichtet werden sollen:
   a) ein Lageplan und ein Höhenplan (Nivellementsplan);
   b) Zeichnungen der Brücken und Drehscheiben;
   c) Zeichnungen des Oberbaues, der Weichen und des Normalquerprofils;
   d) Umgrenzung des lichten Raumes, sowie der grössten zulässigen Breiten- und Höhenmaasse der Betriebsmittel;

e) Zeichnungen der Betriebsmittel, insbesondere auch der Bremsvorrichtungen nebst den zur Erläuterung erforderlichen Beschreibungen.

2. Für andere Bahnen:

a) ein Lageplan;

b) Zeichnungen der Schienen und Weichen;

c) } die vorstehend unter d und e aufgeführten
d) } Vorlagen.

Insofern die Ersetzung von Zeichnungen durch Beschreibungen in Frage kommen könnte, ist zu beachten, dass ausreichendes beweiskräftiges Material für die Gestalt und Beschaffenheit der genehmigten Anlagen zur Verfügung steht.

Die finanzielle Prüfung hat sich lediglich darauf zu erstrecken, ob der Unternehmer die Mittel zur Ausführung der Bahn besitzt oder in zuverlässiger und gesetzlich zulässiger Weise beschaffen wird, und ob dieselben zur plan- und anschlagsmässigen Vollendung und Ausrüstung der Bahn genügen werden. Eine Gewähr hierfür erscheint nothwendig, damit nicht ein Unternehmen, an welchem das öffentliche Interesse betheiligt ist, aus Mangel an Mitteln unvollendet bleibt. Ob die zur Herstellung in Aussicht genommenen Beträge als ausreichend zu erachten sind, wird nur auf Grund eines Kostenanschlages festzustellen sein, welcher zu diesem Behufe vorzulegen ist. Im Uebrigen ist die Finanziirung dem Ermessen des Unternehmers überlassen. —

Behufs thunlichster Erleichterung und Beschleunigung des Genehmigungsverfahrens können besondere Bedingungen und Auflagen bis zur Ausführung des Baues und bis zur Betriebseröffnung vorbehalten bleiben, insofern die zur polizeilichen Prüfung beigebrachten Unterlagen einen ausreichenden Ueberblick noch nicht ermöglichen sollten.

**d) Rechte der Wegeunterhaltungspflichtigen.**

Wenn ein öffentlicher Weg für die Anlage einer Kleinbahn benutzt werden soll, hat der Unternehmer vor der Genehmigung derselben die Zustimmung der aus Gründen des öffentlichen Rechtes zur Unterhaltung des Weges Verpflichteten, also in der Regel eines weiteren oder engeren Gemeindeverbandes, beizubringen. Dies entspricht der Natur der Sache und dem geltenden Rechte. Der Unternehmer ist mangels anderweitiger Vereinbarung zur Unterhaltung und Wiederherstellung des benutzten Wegetheiles verpflichtet. (Vergl. Abschnitt 2 m.)

Die Unterhaltungspflichtigen können für die Benutzung des Weges ein angemessenes Entgelt beanspruchen, auch den Erwerb der Bahn im Ganzen nach Ablauf einer bestimmten Frist gegen angemessene Schadloshaltung des Unternehmers sich vorbehalten. Das durch diese Vorschrift dem Unterhaltungspflichtigen zugestandene zweifache Recht ist durch die bestehenden Verhältnisse, durch häufig beträchtliche Aufwendungen, welche den Unterhaltungspflichtigen für die Herstellung der Strassenkörper zur Last fallen, und durch die erheblichen Vortheile, welche den Unternehmern durch die Benutzung der Strassen eröffnet werden, begründet. Auch bisher haben die Gemeinden bereits die Befugniss gehabt, sich den Erwerb der auf ihren Strassen angelegten Bahnen vorzubehalten, und mehrfach von diesem Rechte Gebrauch gemacht. Letztere Möglichkeit erscheint namentlich deshalb erwünscht, damit die Gemeinden etwa in solchen Fällen, in denen eine Gewähr für die dauernde Aufrechterhaltung des Betriebes der Bahnen durch die Unternehmer nicht gegeben ist, sich die Fortführung derselben sichern können. Eine gewisse Schwierigkeit erwächst aus dem Umstande, dass das Heimfallsrecht an die Unterhaltungspflicht geknüpft und für die Bahn, nicht für Theile derselben gewährt ist, dann, wenn eine Bahn Wegetheile verschiedener Unterhaltungspflichtiger berührt, da das Recht der letzteren einerseits auf die räumlichen Grenzen ihrer Unterhaltungspflicht eingeschränkt, andererseits nur bezüglich des Unternehmens im Ganzen gegeben ist. Eine einzelne Gemeinde oder ein Gemeindeverband kann daher lediglich den Heimfall eines solchen Unternehmens beanspruchen, welches andere als die von der Gemeinde oder dem Gemeindeverbande zu unterhaltenden Strassen und öffentlichen Wege nicht benutzt. Sind mehrere Gemeinden an der Unterhaltung der von einem Bahnunternehmen benutzten Wege betheiligt, so steht also ein Heimfallsrecht keiner derselben für sich, sondern nur ihrer Gesammtheit gegenüber dem ganzen Unternehmen zu. Aus der Natur der Verhältnisse dürfte sich im Uebrigen noch ergeben, dass es dem Unterhaltungspflichtigen auch dann freistehen muss, sich den Erwerb einer Bahn, welche auf dem von ihm zu unterhaltenden Wege angelegt ist, zu sichern, wenn durch dieselbe nicht dieser Weg allein, sondern auch anderweitiges Gebiet des Unterhaltungspflichtigen in Anspruch genommen ist.

Damit die Unterhaltungspflichtigen der Wege von dem ihnen zustehenden Rechte der Zustimmung zur Benutzung derselben nicht einen der Absicht des Gesetzes widersprechenden Gebrauch machen und das Zustandekommen, sowie die Entwickelung von Kleinbahnen durch Auferlegung zu schwerer materieller Bedingungen beeinträchtigen oder gefährden, ist nach dem Vorgange der Wegeordnung für die Provinz Sachsen vom 11. Juli 1891 (§ 10) die Ergänzung dieser Zustimmung durch die Aufsichtsbehörde statthaft. Diese Ergänzung erfolgt:

1. soweit eine Provinz oder ein den Provinzen gleichstehender Communalverband betheiligt ist, durch Beschluss des Provinzialrathes, wogegen die Beschwerde an den Minister der öffentlichen Arbeiten zulässig ist;

2. soweit eine Stadtgemeinde oder ein Kreis betheiligt ist oder es sich um einen mehrere Kreise berührenden Weg handelt, durch Beschluss des Bezirksausschusses, im Uebrigen durch Beschluss des Kreisausschusses.

Die Prüfung der zuständigen Behörde ist in diesem Falle keineswegs auf die Angemessenheit der von den Unterhaltungspflichtigen erhobenen Forderungen beschränkt, sondern hat sich auch darauf zu erstrecken, ob nach Lage der Verhältnisse Veranlassung vorliegt, zwangsweise in das Verfügungsrecht der Unterhaltungspflichtigen einzugreifen. Hierbei wird auch die Leistungsfähigkeit und Zuverlässigkeit des Unternehmers in Betracht kommen. (Vergl. Abschnitt 2 m.)

Durch diesen Ergänzungsbeschluss wird unter Ausschluss des Rechtsweges zugleich über die den vorstehenden Andeutungen gemäss an den Unternehmer gestellten Ansprüche entschieden.

### e) Rechte betheiligter Behörden.

Vor der Genehmigung von Kleinbahnen ist die zuständige Wegepolizeibehörde behufs Wahrung ihrer Interessen zu hören. Dieselbe Vorschrift gilt in Bezug auf die Reichstelegraphenverwaltung, falls eine Bahn sich dem Bereiche einer Reichstelegraphenanlage nähert. Dagegen ist, falls die Bahn sich dem Bereiche einer Festung nähert, der zuständigen Festungsbehörde behufs Wahrung der gewichtigen Interessen der Landesvertheidigung eine entscheidende Mitwirkung bei der Ertheilung der Genehmigung eingeräumt, indem letztere nur im Einverständnisse mit jener Behörde erfolgen darf. Eine gleiche Einwirkung ist auch der Eisenbahnbehörde vorbehalten, insofern das Gleis einer dem Gesetze über die Eisenbahnunternehmungen vom 3. November 1838 unterworfenen Eisenbahn durch die Kleinbahn gekreuzt werden soll. Letztere Bestimmung bezieht sich, wie bei der Erörterung im Landtage dargelegt ist, ebensowohl auf die

Kreuzung der Bahnen in gleicher Schienenhöhe, wie auf Ueberführungen oder Unterführungen von Bahnen vermittelst Brücken oder Tunnel.

Weiterhin kommen noch die Verpflichtungen der Unternehmer einer Kleinbahn im Interesse der Landesvertheidigung und der Reichspostverwaltung in Betracht, welche — abgesehen von den durch die polizeilichen Rücksichten gebotenen Auflagen — bei der Genehmigung festzusetzen sind. Der Postverwaltung gegenüber sind diese Verpflichtungen durch folgende allgemeine Bestimmungen begrenzt:

1. Die Unternehmer haben auf Verlangen der Postverwaltung mit jeder für den regelmässigen Beförderungsdienst bestimmten Fahrt einen Postunterbeamten mit einem Briefsack und, soweit der Platz reicht, auch andere zur Mitfahrt erscheinende Unterbeamte im Dienst gegen Zahlung der Abonnementsgebühr oder, falls solche nicht besteht, der Hälfte des tarifmässigen Personengeldes zu befördern.
2. Die Unternehmer solcher Bahnen, welche sich nicht ausschliesslich mit der Personenbeförderung befassen, sind ausserdem verpflichtet, auf Verlangen der Postverwaltung mit jeder für den regelmässigen Beförderungsdienst bestimmten Fahrt:
   a) Postsendungen jeder Art durch Vermittelung des Zugpersonals zu befördern, und zwar Briefbeutel, Brief- und Zeitungspackete gegen eine Vergütung von 50 Pfennig für jede Fahrt, die anderen Sendungen gegen Zahlung des Stückguttarifsatzes der betreffenden Bahn oder, sofern dieser Betrag höher ist, gegen eine Vergütung von 2 Pfennig für je 50 Kilogramm und das Kilometer der Beförderungsstrecke nach dem monatlichen Gesammtgewicht der von Station zu Station beförderten Poststücke;

b) in Zügen, mit welchen in der Regel mehr als ein Wagen befördert wird, eine Abtheilung eines Wagens für die Postsendungen, das Begleitpersonal und die erforderlichen Postdienstgeräthe, gegen Zahlung der in den Artikeln 3 und 6 des Reichsgesetzes vom 20. December 1875 (Reichsgesetzbl. S. 318) und den dazu gehörigen Vollzugsbestimmungen festgesetzten Vergütung, sowie gegen Entrichtung des halben Stückguttarifsatzes der betreffenden Bahn einzuräumen.

3. Die Postverwaltung ist berechtigt, auf ihre Kosten an den Bahnwagen einen Briefkasten anbringen und dessen Auswechselung oder Leerung an bestimmten Haltestellen bewirken zu lassen.

Diesen Verpflichtungen liegt die Voraussetzung zu Grunde, dass durch dieselben den Kleinbahnen ein materieller Schaden nicht erwachsen soll. Demgemäss sind die Anforderungen gegenüber den Bestimmungen des Reichskanzlers, betreffend die Verpflichtungen der Eisenbahnen untergeordneter Bedeutung zu Leistungen für Zwecke des Postdienstes, vom 28. Mai 1879 (Centralblatt für das Deutsche Reich S. 380), namentlich soweit es sich um die Gestellung besonderer Wagen und die Einräumung besonderer Wagenabtheilungen für Postdienstzwecke handelt, wesentlich ermässigt. Ferner hat die Postverwaltung an Stelle der dort vorgesehenen festen Vergütungssätze dasselbe zu zahlen, was andere ständige Benutzer der Bahn zu zahlen haben würden.

### f) Bahnanschlüsse.

Die unabweisbaren Rücksichten auf den Mitbewerb, sowie überhaupt auf die thunlichste Nutzbarmachung der Eisenbahnen für die Allgemeinheit bedingen eine Regelung der Voraussetzungen, unter welchen Anschlüsse anderer

Bahnen an Kleinbahnen und die Anschlüsse der letzteren an das allgemeine Eisenbahnnetz statthaft sein können oder müssen. In dem ersteren Falle handelt es sich hierbei um Bahnen, welche dem öffentlichen Verkehr dienen, und um Anschlussgleise für den Privatverkehr.

Im Allgemeinen werden Kleinbahnen selbst ihrer Lage und ihrer Beschaffenheit nach wohl nur ausnahmsweise geeignet sein, zu einem Netze zusammengeschlossen zu werden; jedoch möchten, insbesondere wenn Bahnen mit Güterverkehr in Betracht kommen, gewichtige wirthschaftliche Interessen bisweilen die Gleisverbindung mehrerer Bahnen erfordern. Ausserordentlich bedeutungsvoll aber ist die Zulässigkeit von Privatanschlüssen an die Kleinbahnen für die Landwirthschaft, die Industrie, den Bergbau usw., und ganz besonders wegen dieser Möglichkeit dürfte von den Kleinbahnen der gewünschte segensreiche Einfluss auf vielfache wirthschaftliche Verhältnisse erwartet werden. Hierbei ist jedoch sorgfältig zu beachten, dass das Unternehmen nicht in unzulässiger Weise durch Wettbewerb geschädigt wird, da alsdann das Privatkapital von der Beförderung des Ausbaues der Kleinbahnen lediglich abgeschreckt werden würde. Eine ungerechtfertigte Benachtheiligung des Unternehmers könnte beispielsweise möglich sein, wenn derselbe, ohne das Enteignungsrecht zu beanspruchen, auf eigenem oder nach Verständigung mit Eigenthümern auf fremdem Gebiete eine Bahn anlegen würde und demnächst sich jeden Anschluss gefallen lassen müsste. Derartige Verhältnisse sind in dem Kleinbahngesetze durch die Vorschrift berücksichtigt, dass in der Genehmigungsurkunde ausdrücklich ausgesprochen werden muss, ob der Unternehmer jederzeit die Einführung von Anschlussgleisen für den Privatverkehr zu gestatten hat, insofern auf der Kleinbahn Güterverkehr stattfinden soll. Dagegen kann der Anschluss anderer Bahnen an dieselbe ohne Vorbehalt bei der Genehmigung jederzeit verlangt werden, wenn die zuständige Behörde es für zulässig erachtet. Eine entsprechende Bestimmung ist bekanntlich im § 45 des Gesetzes vom 3. November 1838 und im Artikel 41 der Reichsverfassung für die diesen Gesetzen unterworfenen Eisenbahnen vorgesehen[2]). Der Vorbehalt der Gestattung von Privatbahnen soll jedoch in der Regel in die Genehmigungsurkunde aufgenommen werden und nur aus besonderen Gründen unterbleiben, z. B. bei solchen Bahnen, welche, ohne mit dem Enteignungsrechte oder dem Rechte zur Benutzung öffentlicher Wege ausgestattet zu sein, vornehmlich Privatzwecken des Unternehmers, zugleich aber auch nebenbei dem öffentlichen Verkehr zu dienen bestimmt sind. Uebrigens wird in dieser Hinsicht eine zwangsweise Einwirkung auf die Unternehmer im Allgemeinen kaum erforderlich sein, da dieselben naturgemäss alle Maassnahmen unterstützen werden, von welchen sie eine Förderung des

---

[2]) 1. § 45 des Gesetzes über die Eisenbahn-Unternehmungen vom 3. November 1838: Die Gesellschaft ist verpflichtet, nach der Bestimmung des Handelsministeriums*) den Anschluss anderer Eisenbahn-Unternehmungen an ihre Bahn, es möge die beabsichtigte neue Bahn in einer Fortsetzung oder in einer Seitenverbindung bestehen, geschehen zu lassen und der sich anschliessenden Gesellschaft den eigenen Transportbetrieb auf der früher angelegten Bahn, auch vor Ablauf des im § 26 gedachten Zeitraumes, zu gestatten. Sie muss sich gefallen lassen, dass die zu diesem Behuf erforderlichen baulichen Einrichtungen, z. B. die Anlage eines zweiten Gleises, von der sich anschliessenden Gesellschaft bewirkt werden. Das Handelsministerium*) wird hierüber, sowie über die Verhältnisse beider Unternehmungen zu einander, und besonders wegen der vor Ablauf der ersten drei Jahre (§ 26) statt des Bahngeldes zu entrichtenden Vergütung, das Nöthige bei der Concession des Anschlusses festsetzen.

*) An die Stelle des Handelsministeriums ist inzwischen auf Grund des Allerhöchsten Erlasses vom 7. August 1878 das Ministerium der öffentlichen Arbeiten getreten.

2. Art. 41 der Verfassung des Deutschen Reichs: Jede bestehende Eisenbahnverwaltung ist verpflichtet, sich den Anschluss neu angelegter Eisenbahnen auf Kosten der letzteren gefallen zu lassen.

Verkehrs und dadurch eigene Vortheile erhoffen dürfen, zumal auch ihre Anlagen für das Ver- und Entladegeschäft durch die Anschlussgleise entlastet werden. Immerhin aber sind über solche Angelegenheiten Meinungsverschiedenheiten möglich, über welche der Aufsichtsbehörde die Entscheidung zustehen muss.

Behufs thunlichster Vermeidung störender Eingriffe in die Bahnanlagen hat die genehmigende Behörde in allen Fällen darüber zu befinden, in welcher Weise und an welcher Stelle nach Maassgabe der Constructions- und Betriebsverhältnisse dieser Bahnen die Einführung der Anschlüsse erfolgen soll. Da jedoch dem Unternehmer nur die Verpflichtung zur Gestattung der Anschlüsse, aber nicht die Verpflichtung zu Aufwendungen für dieselben auferlegt werden kann, so entspricht es der Billigkeit, demselben für die Benutzung seines Grundeigenthums und für die Aenderung seiner Bahnanlagen eine angemessene Entschädigung zu gewähren. Dieselbe wird, falls eine gütliche Einigung hierüber nicht erzielt ist, unter Vorbehalt des Rechtsweges durch die Behörde festgesetzt, welche im Bedarfsfalle überhaupt alle durch die Anschlüsse sich ergebenden Verhältnisse zwischen den Betheiligten zu regeln hat.

Unter den gleichen Voraussetzungen und Bedingungen, welche vorstehend bezüglich des Anschlusses anderer Bahnen (nicht Privatanschlussbahnen) an die Kleinbahnen dargelegt sind, wird auch der Anschluss der letzteren an Bahnen des allgemeinen Eisenbahnnetzes gestattet. In diesem Falle tritt jedoch als genehmigende bezw. entscheidende Behörde der Minister der öffentlichen Arbeiten ein, welcher gemäss § 4 des Gesetzes vom 3. November 1838 ausschliesslich über die Constructionsverhältnisse derjenigen Bahnen, in welche die Einmündung erfolgen soll, zu bestimmen hat[3]).

---

[3]) §. 4 des Gesetzes über die Eisenbahn-Unternehmungen vom 3. November 1838: Die Genehmigung der Bahnlinie in ihrer voll-

### g) Fahrplan und Beförderungspreise.

Bei der Genehmigung einer Kleinbahn hat die zuständige Behörde die im Interesse des öffentlichen Verkehrs erforderlichen Bestimmungen über den Fahrplan und die Beförderungspreise festzusetzen. Dieses Recht ergiebt sich u. A. aus dem Umstande, dass die Erfüllung berechtigter Forderungen der Allgemeinheit aus eigenster Entschliessung eines Privatunternehmers nicht immer erwartet werden kann, dass Zweifel über die als angemessen zu erachtenden Leistungen desselben möglich sind, dass Wettbewerbsbestrebungen durch einseitige Maassnahmen eines Unternehmers in unzulässiger Weise erschwert oder überhaupt verhindert werden könnten, usw. Ueberdies ist der Staat umsomehr in der Lage, einem solchen Unternehmer erforderlichenfalls Pflichten aufzuerlegen, als er demselben, als einer öffentlichen Verkehrsanstalt, gewichtige staatliche Vorrechte verleiht, welche nicht in einem dem beabsichtigten Zwecke widersprechenden Sinne ausgebeutet werden dürfen. Selbstverständlich werden diese Pflichten in richtigem Verhältnisse zu dem öffentlichen Verkehrsinteresse, sowie zu der Leistungsfähigkeit des Unternehmens abzuwägen sein, und mit Rücksicht auf die ausserordentliche Wichtigkeit, welche die Gestaltung des Fahrplanes und der Beförderungspreise für die Lebensfähigkeit des letzteren besitzt, wird in dieser Hinsicht die Sicherheit gewährt werden müssen, dass die finanzielle Grundlage desselben nicht durch übertriebene Forderungen erschüttert wird.

---

ständigen Durchführung durch alle Zwischenpunkte wird dem Handelsministerium vorbehalten; ebenso sind die Verhältnisse der Construction, sowohl der Bahn als der anzuwendenden Fahrzeuge, an diese Genehmigung gebunden. Alle Vorarbeiten zur Begründung der Genehmigung hat die Gesellschaft auf ihre Kosten zu beschaffen.

In Bezug auf den Fahrplan ist in jedem Falle die höchste zulässige Geschwindigkeit der Züge festzusetzen. Dieselbe darf die Grenze, welche für die Fahrgeschwindigkeit auf den Nebeneisenbahnen (Bahnen untergeordneter Bedeutung) zulässig ist, nicht überschreiten. Im Uebrigen werden im Allgemeinen nur die Grundzüge des Fahrplanes und ferner nach Maassgabe der jeweiligen Verhältnisse etwaige Anordnungen hinsichtlich der Zahl und der Zeit sämmtlicher oder einzelner Züge festzustellen sein.

Die Festsetzung der Beförderungspreise bleibt innerhalb eines bei der Genehmigung zu bestimmenden Zeitraumes von mindestens 5 Jahren nach der Eröffnung des Bahnbetriebes dem Unternehmer überlassen. Diese Frist erscheint im Allgemeinen ausreichend, um die zur finanziellen Sicherstellung des Unternehmens erforderliche Höhe der Beförderungspreise mit hinlänglicher Genauigkeit erkennen zu können. Nach Ablauf der Frist bestimmt die Behörde lediglich den Höchstbetrag der Beförderungspreise unter Berücksichtigung der finanziellen Lage des Unternehmens, sowie der angemessenen Verzinsung und Tilgung des Anlagekapitals. Die Beförderungspreise müssen gleichmässig für alle Personen oder Güter Anwendung finden. Ermässigungen der Beförderungssätze, welche nicht unter Erfüllung der gleichen Bedingungen Jedermann zustehen, sind unzulässig.

Mit Rücksicht auf die zu erwartende Umgestaltung der Verkehrsbedürfnisse, sowie zur Vermeidung einer einseitigen Ausbeutung der finanziellen Interessen des Unternehmers sind Fahrplan und Beförderungspreise nach Zeiträumen, welche bei der Genehmigung vorzuschreiben sind, wiederholten Prüfungen zu unterwerfen. Von der Feststellung über den Fahrplan kann für einen bei der Genehmigung zu bestimmenden Zeitraum, dessen Verlängerung statthaft ist, abgesehen werden; alsdann ist jedoch eine wiederholte Prüfung des Fahrplanes in der Regel nach etwa drei Jahren zu bewirken.

Alle Tarife, Fahrpläne und Betriebsvorschriften der Kleinbahnen sind der Aufsichtsbehörde mitzutheilen, um derselben die Erledigung der ihr obliegenden Aufsichtspflichten zu ermöglichen.

Der Fahrplan und die Beförderungspreise sowie die Aenderungen derselben sind vor ihrer Einführung mindestens in einem öffentlichen Blatte, welches in der Genehmigungsurkunde zu bezeichnen ist, zur Kenntniss des Publikums zu bringen. Ausserdem sind der Fahrplan und die Personenbeförderungspreise in den Personenbahnhöfen, Wartehallen usw., Güterbeförderungspreise in den für die Güterbeförderung bestimmten Gebäuden oder Räumen durch Aushang zu veröffentlichen.

### h) Ertheilung, Dauer und Beginn der Genehmigung.

Die Genehmigung zur Anlage einer Kleinbahn wird dem Antragsteller für seine Person ertheilt. Ist derselbe eine physische Person, so kann in der Regel die Genehmigung auch auf die Erben und sonstigen Rechtsnachfolger ausgedehnt werden, insofern gegen die Person der letzteren als Betriebsunternehmer nicht etwa Bedenken vorliegen (Ausländer, Staatsbeamte usw.). Ist der Unternehmer ein Ausländer, so hat derselbe im Inlande Domicil zu nehmen, von welchem aus er regelmässig die Verträge mit den dem deutschen Reiche Angehörigen abzuschliessen und wegen aller aus seinen Geschäften mit solchen entstehenden Verbindlichkeiten bei den Gerichten des betreffenden Ortes Recht zu nehmen hat.

Sofern der Antrag auf Genehmigung, Erweiterung oder Veränderung einer Kleinbahn abgelehnt wird, weil letztere dem Gesetze vom 3. November 1838 zu unterstellen sein würde, muss in der Verfügung der Grund hierfür und eine angemessen festzusetzende Frist, binnen welcher ein etwaiger Antrag auf Entscheidung des Staatsministeriums bei dem verfügenden Regierungspräsidenten einzureichen ist, angegeben werden.

Für die Ausführung der Bahn und für die Eröffnung des Betriebes kann eine Frist festgesetzt werden. Auch soll dem Unternehmer die Verpflichtung zur Ausführung der Bahn und zur Aufrechterhaltung des ordnungsmässigen Betriebes während der Dauer der Genehmigung auferlegt werden, falls nicht etwa nach der Ansicht der genehmigenden Behörde die Bahn für das öffentliche Verkehrsinteresse ohne Werth sein sollte. (Vergl. Abschnitt 2 m.) Diese Annahme wird namentlich in Frage kommen bei Bahnen, welche, ohne mit dem Enteignungsrechte oder dem Rechte zur Benutzung öffentlicher Wege ausgestattet zu sein, vornehmlich Privatzwecken des Unternehmers, zugleich aber auch nebenbei dem öffentlichen Verkehr oder, wie z. B. Drahtseilbahnen nach Aussichtspunkten, lediglich Vergnügungszwecken dienen. —

Die Genehmigungsdauer für Bahnen der in Rede stehenden Art wurde nach den bisherigen Gepflogenheiten zeitlich begrenzt, um die Möglichkeit zu sichern, einer anderweitigen Entwicklung der Verhältnisse nach einer gewissen Zeitdauer entsprechen zu können. Keine derartige Unternehmung ist bisher auf länger als 50 Jahre genehmigt worden. Gegen solche Einschränkung, durch welche überdies unter Umständen eine wohlthätige Gegenwirkung auf die monopolartige Macht der meisten dieser Bahnen ausgeübt wird, dürften im Allgemeinen wesentliche Einwendungen kaum geltend zu machen sein. Immerhin aber kann nach dem wirthschaftlichen Charakter gewisser Bahnen die Genehmigung derselben für längere Zeit oder sogar auf Dauer berechtigt erscheinen. Im Interesse thunlichster Bewegungsfreiheit, welche überhaupt eine der wichtigsten Voraussetzungen des Kleinbahn-Gesetzes ist, bestimmt dasselbe daher, dass die Genehmigung nach dem pflichtmässigen Ermessen der zuständigen Behörde, unter dem Vorbehalte der

Rechte Dritter, der Ergänzung und Abänderung durch Feststellung des Bauplanes, dauernd oder auf Zeit zu ertheilen ist. Im Allgemeinen soll jedoch die Genehmigung zeitlich begrenzt werden, wenn öffentliche Wege benutzt werden. Auch bei Anlegung eines eigenen Bahnkörpers soll die Genehmigung ohne zeitliche Begrenzung in der Regel nicht, sondern nur dann ertheilt werden, wenn die wirthschaftlichen Verhältnisse des Unternehmens es erforderlich erscheinen lassen und öffentliche Interessen nicht entgegen stehen. Bei Bemessung einer zeitlich begrenzten Genehmigungsdauer ist ausser dem Zeitpunkte etwaiger Erwerbsrechte (vergl. Abschnitt 2d) zu berücksichtigen, dass dieselbe dem Unternehmen die Möglichkeit der Tilgung des Anlagekapitals gewährt.

Die Genehmigung tritt im Allgemeinen mit der Aushändigung derselben an den Unternehmer in Wirksamkeit (vergl. Abschnitt 2m), jedoch, falls eine Aktiengesellschaft, eine Kommanditgesellschaft auf Aktien oder eine Gesellschaft mit beschränkter Haftung in Frage kommt, erst dann, wenn der Nachweis geführt ist, dass die ausgehändigte Genehmigung in das Handelsregister eingetragen ist[4]). Durch letztere Anordnung soll vermieden werden, dass eine für ein bestimmtes Unternehmen gegründete Gesellschaft die Rechtsfähigkeit erlangt, bevor feststeht, dass demselben rechtliche Hindernisse nicht entgegen stehen. Mit Genehmigungen für Personen, welchen keine Rechtsfähigkeit zusteht, würde auch zum Schaden Anderer Missbrauch getrieben werden können. Die für eine Genossenschaft ausgefertigte Genehmigungsurkunde ist vor ihrer Aushändigung an die Unternehmer dem zur Führung des Genossenschaftsregisters zuständigen

---

[4]) Art. 210 Abs. 2 Nr. 4, Art. 176 Abs. 2 Nr. 4 des deutschen Handelsgesetzbuchs, §. 8 Nr. 4 des Reichsgesetzes vom 20. April 1892 (Reichsgesetzbl. S. 477).

Gerichte mit dem Ersuchen um Eintragung in das Register und um demnächstige Rückgabe der Urkunde mitzutheilen.

Es ist selbstverständlich, dass die schleunigste Bekanntgabe der ertheilten Genehmigungen für zahlreiche Kreise ausserordentlich wichtig ist. Beispielsweise kann die beabsichtigte Herstellung neuer Strassen hierdurch wesentlich beeinflusst werden. Ganz besonders aber sind diejenigen Grundbesitzer interessirt, deren Land für die Anlage einer Bahn in Anspruch genommen werden kann, da dieselben bei einstweiliger Geheimhaltung der Genehmigung durch missbräuchliche Bauspeculation leicht geschädigt werden könnten. Mit der Aushändigung der Genehmigungsurkunde an den Unternehmer, ausgenommen Aktiengesellschaften, Commanditgesellschaften auf Actien und Gesellschaften mit beschränkter Haftung, muss daher auch die Veröffentlichung der Genehmigung in dem Amtsblatte derjenigen Regierung, in deren Bezirk die Bahn belegen ist, veranlasst werden. Die Veröffentlichung der den genannten Gesellschaften ertheilten Genehmigungen darf jedoch erst erfolgen, nachdem die Eintragung derselben in das Handelsregister der genehmigenden Behörde nachgewiesen ist. Die von letzterer in der Genehmigungsurkunde vermerkte Zeit der Eintragung ist in der öffentlichen Bekanntmachung anzugeben.

### i) Plan-Feststellung.

Da Kleinbahnen, welche für den Betrieb mit Maschinenkraft bestimmt sind, namentlich wenn sie den Strassenkörper nicht benutzen, eine ähnliche Einwirkung auf das umgebende Gelände ausüben können wie die auf Grund des Gesetzes vom 3. November 1838 betriebenen Nebenbahnen, so ist es nothwendig erschienen, vor dem Beginn des Baues der ersteren in gleicher Weise, wie es bei letzteren geschieht, durch ein förmliches Verfahren mit öffentlicher Auslegung des Bauplanes den betheiligten öffentlichen und privaten

Interessenten Gelegenheit zur Vertretung ihrer Rechte zu geben. Demgemäss sind Plan und Beilagen, welchen die bei dem Genehmigungsverfahren vorläufig getroffenen Festsetzungen zu Grunde gelegt werden, in dem betreffenden Gemeinde- oder Gutsbezirke auf 14 Tage zu Jedermanns Einsicht auszulegen. Die Zeit und der Ort der Auslegung ist auf ortsübliche Weise bekannt zu machen. Während dieser Zeit kann jeder Betheiligte im Umfange seines Interesses Einwendungen gegen den Plan bei der zur Entgegennahme derselben bezeichneten Stelle schriftlich einreichen oder mündlich zu Protokoll geben. Auch der Vorstand des Gemeinde- oder Gutsbezirkes hat das Recht, Einwendungen zu erheben, welche sich auf die Richtung des Unternehmens oder auf die nach Ansicht der den Bauplan festsetzenden Behörde zur Sicherung benachbarter Grundstücke gegen Gefahren und Nachtheile oder im öffentlichen Interesse erforderlichen Anlagen beziehen. Nach Ablauf der 14tägigen Frist sind die Einwendungen in einem nöthigenfalls an Ort und Stelle abzuhaltenden Termine, zu dem der Unternehmer und die Betheiligten vorgeladen werden müssen und Sachverständige zugezogen werden können, zu erörtern. Nachdem über die erhobenen Einwendungen Beschluss gefasst ist, erfolgt demgemäss die Feststellung des Planes und der Anlagen, zu deren Errichtung und Unterhaltung der Unternehmer verpflichtet ist. Der Beschluss wird dem Unternehmer und den Betheiligten zugestellt.

Wenn eine Planfestsetzung zum Zwecke der Enteignung stattfindet, so bedarf es der Feststellung nicht. Im Uebrigen ist der Minister der öffentlichen Arbeiten befugt, den Beginn des Baues auch ohne die vorgängige umständliche und kostspielige Planfestsetzung zu gestatten, wenn aus der beabsichtigten Bahnanlage Nachtheile oder erhebliche Belästigungen der benachbarten Grundbesitzer und des öffentlichen Verkehrs nicht zu erwarten sind, sofern es sich nicht um die Benutzung öffentlicher Wege, mit Ausnahme städtischer Strassen, handelt. Auf die städtischen Strassen konnte dieser Ausnahmefall ausgedehnt werden, weil vor der Genehmigung der Bahn ohnehin die Zustimmung der betreffenden Gemeinden zur Benutzung der Strassen erforderlich ist (vrgl. Abschnitt 2 d) und daher vorausgesetzt werden darf, dass bereits bei dieser Gelegenheit die in Frage kommenden Interessen allseitig gewahrt sein werden. Anträge auf Entbindung von der vorgängigen Planfestsetzung sollen dem Minister der öffentlichen Arbeiten derartig vorbereitet vorgelegt werden, dass die Entscheidung alsbald erfolgen kann.

**k) Betriebseröffnung; Prüfung der Betriebsmaschinen.**

Das in dem Abschnitte 2b bereits erwähnte Recht der zur Ertheilung der Genehmigung einer Kleinbahn zuständigen Behörde, auch zur Eröffnung des Betriebes auf derselben die Erlaubniss zu geben, ist eine natürliche Folgewirkung des Erfordernisses der vorgängigen Genehmigung. Die Erlaubniss wird auf Grund einer örtlichen Prüfung der Bahn durch die zuständige Behörde — bei Bahnen, welche mit Maschinenkraft betrieben werden sollen, durch den Regierungspräsidenten in Gemeinschaft mit der zuständigen Eisenbahnbehörde — ertheilt, wenn die Ausführung den Bedingungen entspricht, jedoch versagt, sofern wesentliche Bedingungen der Bau- und Betriebsgenehmigung nicht erfüllt sind.

Die Betriebsmaschinen sind vor ihrer Einstellung in den Betrieb und nach Vornahme erheblicher Aenderungen, ausserdem aber zeitweilig der Prüfung durch die zur eisenbahntechnischen Aufsicht über die Bahn zuständige Behörde zu unterwerfen. Diese Bestimmung ist eine Abweichung von der durch den Minister für Handel und Gewerbe unter dem 16. März v. J. erlassenen Anweisung, betreffend die Genehmigung und Untersuchung der Dampfkessel, jedoch sowohl im öffentlichen Interesse, als auch im Interesse der

Unternehmungen zweckmässig, weil dadurch die staatliche Einwirkung einer Behörde obliegt, welche die nothwendige Sachkunde und praktische Erfahrung besitzt. Für die Prüfungen der Betriebsmaschinen sind die bezüglichen Vorschriften maassgebend, welche jeweilig für die auf Nebenbahnen zur Verwendung kommenden Betriebsmaschinen gelten.

### l) Erlöschen und Zurücknahme der Genehmigung.

Abgesehen von dem Ablaufe der für das Unternehmen überhaupt festgesetzten Frist kann die Genehmigung durch Beschluss der Aufsichtsbehörde für erloschen erklärt werden, wenn die Ausführung der Bahn oder die Eröffnung des Betriebes nicht innerhalb der bestimmten oder verlängerten Frist erfolgt. Diese Vorschrift gewährt anderen derartigen Unternehmungen die Möglichkeit, für die Befriedigung vorhandener Verkehrsbedürfnisse zu sorgen. Aus derselben Veranlassung darf die Genehmigung zurückgenommen werden, wenn der Bau oder Betrieb ohne genügenden Grund unterbrochen, oder wenn wiederholt gegen die Bedingungen der Genehmigung oder die dem Unternehmer obliegenden Verpflichtungen in wesentlicher Beziehung verstossen wird. In diesem Falle hat jedoch mit Rücksicht auf die in Frage kommenden materiellen Interessen auf die Klage der zur Ertheilung der Genehmigung zuständigen Behörde das Oberverwaltungsgericht über die Zulässigkeit der Zurücknahme zu entscheiden. — Das Erlöschen und die Zurücknahme einer Genehmigung ist von der aufsichtführenden Behörde in dem Regierungsamtsblatte bekannt zu machen.

In den in Rede stehenden Fällen kann der Wegeunterhaltungspflichtige, insofern anderweitige Vereinbarungen nicht vorliegen, entweder die Herstellung des früheren Zustandes, nöthigenfalls unter Beseitigung der in den Weg eingebauten Theile der Bahnanlage, oder gegen angemessene Entschädigung den Uebergang der letzteren in sein Eigenthum verlangen. (Vergl. Abschnitt 2 m.) Wenn der Unterhaltungspflichtige von dem ersteren Rechte Gebrauch macht, so geht das Eigenthum der zurückgelassenen Theile der Bahnanlage unentgeltlich auf denselben über. Bei den Verhandlungen im Landtage ist eingehend erwogen, ob nicht auch in dem letzteren Falle der unentgeltliche Uebergang der in den Weg eingebauten Theile der Bahnanlage in den Besitz des Unterhaltungspflichtigen angezeigt erscheine; dies wurde jedoch als eine ungerechtfertigte Härte gegen den Unternehmer bezeichnet, weil Bahnen im Allgemeinen nur auf verkehrsreichen Strassen angelegt würden, deren bedeutende Unterhaltungskosten durch den Uebergang eines grossen Theiles des Verkehrs auf die Bahnen für die Unterhaltungspflichtigen erheblich herabgemindert würden, so dass letztere ohnehin durch das Vorhandensein der Bahnen Vortheile erzielten.

Wenn Gründe öffentlichen Interesses die weitere Fortführung eines durch Misswirthschaft oder finanzielle Verlegenheit oder sonstige Veranlassungen im Verfall gerathenen Bahnunternehmens wünschenswerth erscheinen lassen, so kann die Aufsichtsbehörde, nachdem zuvor die zuständige Wegepolizeibehörde und der Wegeunterhaltungspflichtige gehört sind, eine Frist festsetzen, vor deren Ablauf letzterer die Wiederherstellung des früheren Zustandes nicht verlangen darf. Vorausgesetzt wird hierbei, dass das Unternehmen innerhalb dieser Frist vielleicht wieder betriebsfähig werden könnte.

### m) Sicherheitsbestellung und Geldstrafen.

Aus Rücksichten auf öffentliche Verkehrsinteressen hat in dem Gesetze dafür gesorgt werden müssen, dass die Durchführung gewisser Punkte desselben durch die Bestellung finanzieller Sicherheit Seitens des Unternehmers, sowie durch die Möglichkeit, denselben mit Geldstrafen belegen zu können, thunlichst gesichert wird. Hierbei war jedoch eine weitgehende Einschränkung in dem Sinne geboten, dass Beunruhigungen der Unternehmer, welche die nützliche Folgewirkung des Gesetzes benachtheiligen könnten, möglichst vermieden würden. In demselben sind daher in dieser Beziehung nur solche Verhältnisse berücksichtigt, bei welchen die Erfüllung erheblicherer Interessen in Frage kommen kann. Demgemäss sind Geldstrafen zulässig, wenn die für die Ausführung der Bahn und für die Eröffnung des Betriebes festgesetzten Fristen nicht innegehalten werden oder der ordnungsmässige Betrieb während der Dauer der Genehmigung nicht aufrecht erhalten wird. (Vergl. Abschnitt 2h u. l.) Für beide Fälle darf dem Unternehmer eine Sicherheitsbestellung auferlegt werden. Eine solche muss jedoch erfolgen, wenn derselbe in Ermangelung anderweitiger Vereinbarung verpflichtet ist, benutzte Strecken öffentlicher Wege zu unterhalten und wiederherzustellen. (Vergl. Abschnitt 2d.)

Dass derartige Sicherstellungen nicht erforderlich sind, wenn das deutsche Reich oder der preussische Staat als Unternehmer auftreten, ist selbstverständlich; auf dieselben ist aber auch dann, wenn Communalverbände die Ausführung und den Betrieb einer Bahn übernehmen, verzichtet, in der Erwägung des Umstandes, dass die vorgesetzte Behörde das Aufsichtsrecht über die Finanzverwaltung der Communen hat und daher etwaige über ihre Kräfte übernommene finanzielle Verpflichtungen derselben nicht zu genehmigen braucht.

Die Bestellung der Sicherheit muss vor Aushändigung der Genehmigungsurkunde nachgewiesen werden (vergl. Abschnitt 2h), ebenso vor dem im Abschnitte 2d erwähnten Antrage auf Ergänzung eines Beschlusses der Wegeunterhaltungspflichtigen durch die Aufsichtsbehörde, um thunlichst zu verhindern, dass das Ergänzungsverfahren von Unternehmern veranlasst wird, welche die zur Sicherung der Unterhaltung und Wiederherstellung öffentlicher Wege erforderlichen Leistungen nicht zu übernehmen vermögen.

Beiläufig sei jedoch bemerkt, dass der Ergänzungsbeschluss der Aufsichtsbehörde sich auf die Bestellung der Sicherheit, zu welcher der Unternehmer verpflichtet ist, nicht zu beziehen hat, da dieselbe unabhängig von der Zustimmung des Wegebaupflichtigen auf Grund des Gesetzes stattfindet.

Die Höhe der Sicherheitsbestellungen und der Geldstrafen ist in jedem Einzelfalle nach dem Maasse, in welchem das öffentliche Interesse an dem Bestande und Betriebe der Bahn betheiligt ist, festzusetzen. In der Ausführungsanweisung zu dem Gesetze ist es als zweckmässig bezeichnet, die Geldstrafen nach bestimmten Procentsätzen des Anlagekapitals zu bemessen, wobei zehn Procent desselben die äusserste Grenze, deren Ueberschreitung auch durch erhebliche öffentliche Interessen nicht gerechtfertigt erscheine, bilden sollen. Da gegen die Festsetzung der Strafen die gegen polizeiliche Verfügungen überhaupt zulässigen Rechtsmittel, insbesondere das Verwaltungsstreitverfahren, zur Verfügung stehen, so erscheinen die Interessen der Unternehmer gegen ungerechtfertigte Belastung in dieser Beziehung rechtlich genügend geschützt.

Je nach dem Zwecke, welchem durch die Bestellung der Sicherheit entsprochen werden soll, wird letztere bei dem Erlöschen oder bei der Zurücknahme der Genehmigung verschieden behandelt. In solchen Fällen wird die für die Unterhaltung und Wiederherstellung öffentlicher Wege bestellte Sicherheit, soweit sie hierfür nicht in Anspruch zu nehmen ist, zurückgegeben. Dagegen entscheidet alsdann mit Ausschluss des Rechtsweges der Minister der öffentlichen Arbeiten auf den Bericht der Aufsichtsbehörde darüber, ob und in wie weit die für die Ausführung der Bahn oder die fristgemässe Eröffnung oder die Aufrechterhaltung des Betriebes bestimmten Geldstrafen verfallen. Derselbe beschliesst auch unter Berücksichtigung etwaiger Vorschläge der Aufsichtsbehörde über die Verwendung solcher Geldstrafen.

Dem Umstande, dass diese Geldstrafen den Charakter von Conventionalstrafen zur Sicherung des öffentlichen Interesses haben, entspricht es, dass dieselben der gesetzlichen Vorschrift gemäss zu Gunsten des früheren Unternehmens oder zur Unterstützung ähnlicher Unternehmungen in dem betreffenden Landestheile benutzt werden sollen. — Insofern es sich bei den in Rede stehenden Angelegenheiten um Bahnen, welche mit Maschinenkraft betrieben werden, handelt, haben die Regierungspräsidenten ihren Bericht zunächst der eisenbahntechnischen Behörde mitzutheilen, damit auch diese in der Lage ist, sich zur Sache zu äussern.

### n) Besteuerung.

Da die Kleinbahnen nicht die vielfachen Begünstigungen erhalten, für welche die dem Gesetze vom 3. November 1838 unterworfenen Eisenbahnen eine besondere Eisenbahnsteuer entrichten, so wäre die Auferlegung derselben mit Rücksicht auf ihre beträchtliche Höhe eine Unbilligkeit für erstere und ausserdem eine Veranlassung, der gewünschten lebhaften Entwicklung dieser Unternehmungen entgegen zu wirken. Die Kleinbahnen werden in Folge dessen, wie alle Unternehmungen, in welchen das Privatkapital seine Verzinsung durch gewerblichen Betrieb sucht, zu der allgemeinen Gewerbesteuer auf Grund des Gesetzes vom 24. Juni 1891 (Gesetzsamml. S. 205) herangezogen.

Bezüglich der Communalbesteuerung werden Kleinbahnen als Privateisenbahn-Unternehmungen im Sinne des § 4 des Gesetzes vom 27. Juli 1885, betreffend Ergänzung und Abänderung einiger Bestimmungen über Erhebung der auf das Einkommen gelegten directen Communalabgaben (Gesetzsamml. S. 327), nicht erachtet.

### o) Verstaatlichung.

Mit Rücksicht auf das in Preussen bestehende Staatsbahnsystem musste Klarheit darüber geschaffen werden, unter welchen Voraussetzungen dem Staate die Möglichkeit gegeben werden muss, Kleinbahnen zu erwerben, falls dieselben durch fortgeschrittene Verkehrsentwicklung eine derartige Bedeutung gewonnen haben, dass ihre Eingliederung in das allgemeine Eisenbahnnetz im öffentlichen Interesse geboten erscheint, oder falls überhaupt Betriebs- und Verkehrsverhältnisse, militärische oder sonstige im Staatsinteresse wichtige Gründe diese Maassregel erfordern. Es war nicht zu verkennen, dass die Möglichkeit eines solchen Eingreifens in unter Umständen weitgehende materielle Beziehungen der Unternehmer die nicht gewünschte Folge haben könnte, das Privatkapital von der Förderung des Kleinbahnwesens abzuschrecken oder die Ausführung mancher Kleinbahn — namentlich in wirthschaftlich schwachen Bezirken — überhaupt zu verhindern, wenn nicht für solche Fälle die bestimmte Sicherheit gegen materielle Schädigungen der Betheiligten gewährleistet würde. Der bestehenden Rechtsgebahrung gemäss ist allerdings bisher bei der Ertheilung der Genehmigung zur Herstellung von Strassenbahnen oder sonstigen Bahnen dieser Art, welche den Bereich eines Gemeindebezirks überschreiten oder mit Maschinenkraft betrieben werden, ohne Weiteres die nachträgliche Unterstellung dieser Unternehmungen unter das Gesetz vom 3. November 1838 vorbehalten. Diese in ihrer Knappheit sehr scharfe Vorschrift bedurfte daher einer wesentlichen Abmilderung und einer Einschränkung durch Nebenbedingungen zu Gunsten der Unternehmer.

Die nunmehrige gesetzliche Bestimmung bedingt zunächst zur Verhinderung etwaiger einseitiger Ressortauffassungen eine Entscheidung des Staatsministeriums darüber, ob eine Kleinbahn als Theil des allgemeinen Eisenbahnnetzes anzusehen und daher zu verstaatlichen ist. Vorausgesetzt ist hierbei, dass nicht eine, möglichenfalls besonders günstig entwickelte Theilstrecke, sondern die in einer Genehmigungsurkunde behandelte Bahn ungetheilt in Frage kommt, wodurch gewisse, grundsätzlich allerdings völlig ungerechtfertigte und auch durch die bisherigen Erfahrungen bei der Verstaatlichung der Eisenbahnen nicht bestätigte Bedenken beseitigt sind, dass lediglich fiskalische Rücksichten dieselbe veranlassen könnten. Dem Unternehmer ist sodann die bevorstehende Verstaatlichung mindestens ein Jahr vor dem hierzu bestimmten Zeitpunkte anzukündigen und schliesslich der volle Werth der Bahn, also nicht allein die Baukosten und der Werth der Materialien, zu entschädigen.

Diese Entschädigung wird unter sinngemässer Anwendung der Bestimmungen des § 42 Nr. 4a bis d. des Gesetzes vom 3. November 1838[5]) mit der Maassgabe er-

---

[5]) § 42 des Gesetzes über die Eisenbahnunternehmungen vom 3. November 1838: Dem Staate bleibt vorbehalten, das Eigenthum der Bahn mit allem Zubehör gegen vollständige Entschädigung anzukaufen.

Hierbei ist, vorbehaltlich jeder anderweiten, hierüber durch gütliches Einvernehmen zu treffenden Regulirung, nach folgenden Grundsätzen zu verfahren:

1. usw.

4. die Entschädigung der Gesellschaft erfolgt sodann nach folgenden Grundsätzen:
   a) der Staat bezahlt an die Gesellschaft den 25fachen Betrag derjenigen jährlichen Dividende, welche an sämmtliche Actionäre im Durchschnitt der letzten fünf Jahre ausbezahlt worden ist;
   b) die Schulden der Gesellschaft werden ebenfalls vom Staate übernommen und in gleicher Weise, wie dies der Gesellschaft obgelegen haben würde, aus der Staatskasse berichtigt, wogegen auch alle etwa vorhandenen Activforderungen auf die Staatskasse übergehen;

mittelt, dass der Berechnung des 25fachen Betrages nach § 42 Nr. 4a desselben das steuerpflichtige Einkommen nach den Bestimmungen des Einkommensteuergesetzes vom 24. Juni 1891 (Gesetzsamml. S. 175) zu Grunde zu legen ist, jedoch bei Aktiengesellschaften und Commanditgesellschaften auf Aktien der Abzug von $3^1/_2$ Procent des eingezahlten Aktienkapitals (§ 16 des Einkommensteuergesetzes) fortfällt. Falls die Kleinbahn sich über das Gebiet des preussischen Staates hinaus in andere deutsche Bundesstaaten erstreckt, so wird gleichwohl das Einkommen aus dem gesammten Betriebe der Berechnung zu Grunde gelegt. Für letztere gilt der Jahresdurchschnitt des bisher erzielten Reingewinnes als maassgebend, wenn das zu erwerbende Unternehmen noch nicht 5 Jahre hindurch betrieben gewesen ist. Wenn eine Aktiengesellschaft Unternehmer der zu erwerbenden Bahn ist, so ist nicht die Einlösung der Aktien von den einzelnen Aktionären, sondern nur die Zahlung der Gesammtentschädigung an die Gesellschaft erforderlich.

Zur Sicherung der Unterlagen für die Berechnung der Entschädigung kann der Unternehmer verpflichtet werden, über jede Bahn, für welche ihm eine besondere Genehmigung ertheilt worden ist, dergestalt Rechnung zu führen, dass der Reinertrag derselben, und wenn der Unternehmer eine Aktiengesellschaft ist, die von derselben gezahlte Dividende daraus mit Sicherheit entnommen werden kann. Von dieser

---

c) gegen Erfüllung obiger Bedingungen geht nicht nur das Eigenthum der Bahn und des zur Transportunternehmung gehörigen Inventariums sammt allem Zubehör auf den Staat über, sondern es wird demselben auch der von der Gesellschaft angesammelte Reservefonds mit übereignet;

d) bis dahin, wo die Auseinandersetzung mit der Gesellschaft nach vorstehenden Grundsätzen regulirt, die Einlösung der Actien und die Uebernahme der Schulden erfolgt ist, verbleibt die Gesellschaft im Besitze und in der Benutzung der Bahn.

Verpflichtung darf abgesehen werden, wenn die Gesammtunternehmung keine anderen Bahnen enthält als städtische Bahnen für den Personenverkehr und Bahnen, welche, wie z. B. Drahtseilbahnen, zum Anschlusse an das allgemeine Eisenbahnnetz sich nicht eignen. Insofern die obliegende Verpflichtung jedoch vernachlässigt sein sollte, ist der Staat befugt, die Berechnung der Entschädigung nach dem Sachwerthe zu verlangen. Da ferner der Reinertrag eines Unternehmens in den ersten Betriebsjahren hinter der bei voller Entwicklung zu erwartenden Höhe oft zurückzubleiben pflegt, die Unternehmer daher bei ausnahmsloser Feststellung der Entschädigung nach dem Ertragswerthe benachtheiligt werden könnten, so dürfen dieselben zur Sicherung ihrer Rechte ebenfalls die Berechnung der Entschädigung nach dem Sachwerthe beanspruchen, wenn die Bahn noch nicht länger als 15 Jahre im Betriebe gewesen ist. Dieser Zeitraum erscheint nach den Erfahrungen, welche selbst unter ungünstigen Umständen bei Bahnen der in Rede stehenden Art gemacht sind, ausreichend, um die volle Entwicklung derselben herbeizuführen. Um nun einen Ausgleich dafür zu ermöglichen, dass einerseits der Sachwerth in der Regel nicht unerheblich hinter den Aufwendungen des Unternehmers zurückbleibt, andererseits letztere in den ersten Jahren sich häufig nur theilweise verzinsen, ist im Interesse der Unternehmer ein mit der zunehmenden Zeitdauer abnehmender Zuschlag zu dem Sachwerthe vorgesehen. Derselbe beträgt 20 Procent, wenn die Verstaatlichung in den ersten 5 Jahren, und 10 Procent, wenn dieselbe in den nächsten 10 Jahren des Betriebes stattfindet.

Bei der Ermittlung des Sachwerthes, bei welcher dem Unternehmer alle mit der practischen Durchführung derselben vereinbare Vortheile zukommen sollen, werden alle dem Unternehmen unmittelbar oder mittelbar gewidmeten Sachen und Rechte desselben berücksichtigt, die Forderungen und Schulden jedoch nur insoweit, als dieselben nach beiderseitigem Einverständnisse auf den Staat übergehen sollen. Ferner übernimmt letzterer die mit den Beamten und Arbeitern bestehenden, sowie solche Verträge, welche zur Beschaffung des für das Unternehmen erforderlichen Materials abgeschlossen sind. Der Abschätzung und Festsetzung des vollen Werthes aller Bestandtheile des Unternehmens wird ein von dem Unternehmer aufzustellendes Inventar derselben zu Grunde gelegt, über dessen Richtigkeit und Vollständigkeit erforderlichenfalls zu verhandeln und von dem Bezirksausschusse zu entscheiden ist.

Die Bestimmungen über die Festsetzung der Entschädigung, das Verfahren und die sonstigen Vorgänge bis zum Uebergange des Unternehmens in das Eigenthum des Staates entsprechen im Allgemeinen den bewährten Vorschriften des Enteignungsgesetzes vom 11. Juni 1874. Demgemäss wird die Entschädigung, vorbehaltlich des beiden Theilen zustehenden, innerhalb 6 Monaten nach Zustellung des Feststellungsbeschlusses zu beschreitenden Rechtsweges, unter sinngemässer Anwendung der §§ 24 bis 29 dieses Gesetzes durch den Bezirksausschuss, welcher auch für das Vollziehungsverfahren zuständig ist, festgesetzt. Auf die Ermittlung der Entschädigung finden die §§ 24 bis 28, auf die Vollziehung der Enteignung die §§ 32 bis 37, auf das Verfahren vor dem Bezirksausschusse und auf die Wirkungen der Enteignung die §§ 39 bis 46 des bezeichneten Gesetzes sinngemässe Anwendung.

Die Entschädigung für Bestandtheile des Unternehmens, welche im Inventar verzeichnet und bei Feststellung der Gesammtentschädigung berücksichtigt, bei Vollziehung der Enteignung aber nicht mehr vorhanden sein sollten, hat der Unternehmer zurückzuerstatten. Für Bestandtheile, welche bei Vollziehung der Enteignung über das Inventar hinaus vorhanden sind, ist auf Antrag des Unternehmers von dem

Bezirksausschusse nachträglich die vom Staate zu gewährende Entschädigung festzusetzen.

Bei sorgfältiger Prüfung und Abwägung dieser Bestimmungen über die Entschädigungspflicht wird die Auffassung berechtigt erscheinen, dass die Unternehmer vor der Gefahr einer materiellen Schädigung im Falle einer Verstaatlichung der Bahnen thunlichst geschützt sind und ohne Besorgniss einer solchen Möglichkeit entgegen sehen dürfen. Letztere ist im übrigen, wie unschwer zu erkennen ist, bei einer grossen Zahl von Bahnen, z. B. Pferdebahnen u. dergl., kaum jemals zu erwarten. Es lag daher auch keine Veranlassung vor, eine von einzelnen Seiten noch gewünschte weitere Begünstigung der Unternehmer zu unterstützen, nach welcher nur im Falle einer Weigerung derselben, die Bahnen dem Gesetze vom 3. November 1838 zu unterstellen, die Verstaatlichung zulässig sein solle. Mit Recht ist dieser Forderung gegenüber darauf hinzuweisen, dass die Staatsregierung alsdann in die unliebsame Zwangslage gebracht würde, mit grösster Vorsicht und Umständlichkeit bei der Genehmigung jeder Kleinbahn zu untersuchen, ob die Wahrscheinlichkeit einer demnächstigen Einbeziehung derselben in das allgemeine Eisenbahnnetz zu erwarten sein möchte; dass hierdurch, im Gegensatze zu dem ausdrücklichen Zwecke des Gesetzes, manchen Gegenden die Wohlthaten einer Eisenbahnverbindung auf unbestimmte Zeit vorenthalten werden könnten; dass trotz sorgfältigster Prüfung der Verhältnisse Kleinbahnen genehmigt werden könnten, welche wider Erwarten oder durch Umstände verschiedenster Art, deren Möglichkeit bei der wechselvollen Entwicklung des Verkehrs unmöglich im voraus zu übersehen ist, eine allgemeinere Bedeutung gewinnen; dass in Folge dessen der Staat zu der Herstellung wirthschaftlich nicht gerechtfertigter Konkurrenzbahnen genöthigt werden könnte; dass die gewünschte Bedingung dem Unternehmer ein bequemes Mittel sein könnte,

Verhandlungen über die Verstaatlichung einer Bahn, deren sofortiger Erwerb für den Staat vielleicht, z. B. aus militärischen Gründen, sehr dringlich ist, in die Länge zu ziehen; dass gerade mit Rücksicht auf die Möglichkeit der plötzlichen Verstaatlichung die Entschädigungsbedingungen ausserordentlich günstig für den Unternehmer festgestellt sind, usw.

Das Recht des Staates zum Erwerbe einer Kleinbahn bezieht sich auch auf etwaige Erwerbsberechtigte (vergl. Abschnitt 2d). Letzteren soll in solchem Falle der volle Werth des Erwerbsrechtes erstattet werden. Die Festsetzung dieses Werthes dürfte allerdings bisweilen erhebliche Schwierigkeiten verursachen.

Die Aufsichtsbehörden sind verpflichtet, dem Minister der öffentlichen Arbeiten alsbald zu berichten, wenn ihres Erachtens die Voraussetzungen für die Verstaatlichung von Kleinbahnen eingetreten sind. Insofern es sich hierbei um eine zum Betriebe mit Maschinenkraft eingerichtete Bahn handelt, ist der Bericht auch dann, wenn nur eine der betheiligten Behörden, der Regierungspräsident oder die Eisenbahnbehörde, die Verstaatlichung für nothwendig erachtet, und zwar Seitens der diese Nothwendigkeit bejahenden Behörde zu erstatten. Diesem Bericht ist die gutachtliche Aeusserung der anderen Behörde beizufügen.

### p) Inanspruchnahme des Dotationsfonds der Provinzen.

Die in anderen Ländern gemachten Erfahrungen lassen erkennen, dass auf eine wesentliche Förderung des Kleinbahnwesens hingewirkt wird, wenn grössere Körperschaften (Communal- und Provinzialverbände) mit ihren Mitteln für dasselbe einzutreten bereit sind. Ganz besonders geeignet zu diesem Behufe erscheinen in Preussen die Provinzen, welche die Zweckmässigkeit vorgeschlagener Bahnen und die Nothwendigkeit einer etwaigen Unterstützung derselben im öffentlichen Interesse wohl am besten übersehen und feststellen können. Die bestehende Gesetzgebung hatte bisher jedoch nicht klar ausgedrückt, dass aus den sogenannten Dotationsfonds, welche den Provinzen für bestimmte, besonders bezeichnete Zwecke zur Verfügung stehen, Mittel für den Bau von Bahnen bereit gestellt werden dürfen. Zur Beseitigung dieser Lücke ist nunmehr die Zulässigkeit einer solchen Verwendung in Bezug auf eine Anzahl von Bestimmungen[6]) in dem Kleinbahngesetze ausdrücklich anerkannt. Wenngleich hierdurch auch zunächst practische Erfolge in grösserem Umfange vielleicht kaum erzielt werden, da die Dotationsfonds der Provinzen zur Zeit meist ohnehin anderweitig belastet sind, so darf möglichenfalls doch auf eine Aenderung dieser Verhältnisse gerechnet werden. In jedem Falle dürfte diese Bestimmung des Gesetzes für diejenigen Stellen, von welchen ein besonders wirksames Eingreifen zur Förderung der Entwicklung des Kleinbahnwesens erwartet wird, eine dauernde Mahnung sein, dieser wichtigen und dankenswerthen Pflicht zu gedenken.

## 3. Privatanschlussbahnen.

Die durch das neue Gesetz getroffenen Bestimmungen für Privatanschlussbahnen beziehen sich lediglich auf solche, dem öffentlichen Verkehr nicht dienende Bahnen, welche für den Betrieb mit Maschinen eingerichtet sind oder werden und mit Strecken des allgemeinen Eisenbahnnetzes oder mit

[6]) Allerhöchster Erlass vom 16. September 1867 (Gesetzsamml. S. 1528), Gesetz vom 7. März 1868 (Gesetzsamml. S. 223), Gesetz vom 11. März 1872 (Gesetzsamml. S. 257) und §§ 2 und 3 des Gesetzes vom 8. Juli 1875 (Gesetzsamml. S. 497).

Kleinbahnen derart in unmittelbarer Gleisverbindung stehen, dass ein Uebergang der Betriebsmittel stattfinden kann. Die besondere Behandlung dieser Privatanschlussbahnen war deshalb nothwendig, weil dieselben auf die Betriebssicherheit der dem öffentlichen Verkehre dienenden Bahnen Einwirkungen ausüben können, welche einer strengeren Beurtheilung und einer schärferen Ueberwachung bedürfen als die etwaigen Unzuträglichkeiten, welche durch die sonstigen Privatanschlüsse veranlasst werden. Für letztere genügen die den Polizeibehörden bereits zustehenden Befugnisse zur Wahrung der Sicherheit.

Im Allgemeinen entsprechen die Vorschriften für die bezeichneten Anschlüsse, wie es sich aus der Natur der Verhältnisse ergiebt und im Interesse einer einheitlichen Behandlung derselben wünschenswerth ist, sinngemäss den Bestimmungen für die Kleinbahnen. Unberücksichtigt konnten hierbei bleiben die für letztere im Interesse des öffentlichen Verkehrs getroffenen Anordnungen, die Vortheile, welche den Kleinbahnen als öffentlichen Verkehrsanstalten, u. a. in Bezug auf die Strassen- und Wegeunterhaltungspflichtigen, eingeräumt sind, die Beziehungen zu der Reichspostverwaltung und die Besteuerungsfrage. Die Zuständigkeit der Behörden zur Genehmigung und Beaufsichtigung der Privatanschlüsse (Abschnitt 2b), die etwa in Frage kommenden Rechte der Wegepolizeibehörden, der Festungsbehörden der Reichstelegraphenverwaltung und der Eisenbahnverwaltung (Abschnitt 2e), die Planfeststellung (Abschnitt 2i), die Vorschriften für die Betriebseröffnung und Prüfung der Betriebsmaschinen (Abschnitt 2k) sind unter denselben Voraussetzungen und in gleicher Weise geregelt, wie für die Kleinbahnen mit der fast selbstverständlichen Maassgabe, dass die eisenbahntechnische Aufsicht und Ueberwachung der Privatanschlüsse durch diejenige Behörde erfolgt, welcher diese Aufgaben bezüglich der zugehörigen, dem öffentlichen Verkehr dienenden Bahn obliegen. Die polizeiliche Prüfung vor der Genehmigung der Privatanschlussbahnen (vergl. Abschnitt 2c) beschränkt sich:

1. auf die betriebssichere Beschaffenheit der Bahn und der Betriebsmittel;
2. auf den Schutz gegen schädliche Einwirkungen der Anlage und des Betriebes;
3. auf die technische Befähigung und Zuverlässigkeit der in dem äusseren Betriebsdienste anzustellenden Bediensteten.

Sofern jedoch eine solche Bahn, welche an eine dem Gesetze vom 3. November 1838 unterworfene Eisenbahn anschliesst, von dem Unternehmer der letzteren angelegt und betrieben werden soll, erfolgt die polizeiliche Prüfung lediglich in Bezug auf den Punkt 2. Zur Prüfung der betriebssicheren Beschaffenheit der Bahn und der Betriebsmittel sind in entsprechender Weise wie bei den Kleinbahnen technische Unterlagen erforderlich. Eine finanzielle Beurtheilung der in Rede stehenden Unternehmungen Seitens der genehmigenden Behörden findet jedoch nicht statt.

Zur Benutzung öffentlicher Wege für Privatanschlussbahnen ist die Zustimmung der Unterhaltungspflichtigen und die Genehmigung der Wegepolizeibehörden erforderlich. Polizeiliche Bestimmungen über den Betrieb auf solchen Bahnen bedürfen des Einverständnisses der zuständigen Eisenbahnbehörde.

Die Genehmigung von Privatanschlüssen kann, wenn wiederholt gegen die vorgeschriebenen Bedingungen in wesentlicher Beziehung verstossen wird, auf die Klage der zuständigen Behörde durch das Oberverwaltungsgericht zurückgenommen werden (vergl. Abschnitt 2 l).

Die vorstehend angedeuteten gesetzlichen Bestimmungen finden auf diejenigen Bahnen, welche Zubehör eines Bergwerks im Sinne des allgemeinen Berggesetzes vom 24. Juni

1865 (Gesetzsamml. S. 705) sind, keine Anwendung, da für dieselben im Zusammenhange mit letzterem bereits besondere Vorschriften bestehen. —

## 4. Unterstellung früher genehmigter Kleinbahnen und Privatanschlussbahnen unter das neue Gesetz.

Im Interesse einer einheitlichen Behandlung der gesammten in Frage kommenden Kleinbahnen und Privatanschlussbahnen wäre es erwünscht gewesen, auch die bereits vor dem Erlasse des neuen Gesetzes genehmigten bezüglichen Bahnen demselben ohne Weiteres zu unterstellen; andererseits aber wären alsdann manche Härten gegenüber wohlerworbenen Rechten unvermeidlich gewesen. Es ist daher ein vermittelnder Weg eingeschlagen, um allmählich zu dem gewünschten Ziele zu gelangen, wobei zunächst nur die unbedingt nothwendigen neueren Bestimmungen, und zwar diejenigen über die Zuständigkeit und das Aufsichtsrecht der Behörden, über das Verhältniss gegenüber der Postverwaltung, über den Fahrplan, die Beförderungspreise, die Prüfung der Betriebsmaschinen, die Zurücknahme der Genehmigung und die Besteuerung, entsprechend auch für jene älteren Bahnen als bindend bezeichnet sind. Die bei der Genehmigung der letzteren etwa vorgesehenen Bedingungen und Vorbehalte bleiben jedoch bestehen, insofern sie den vorbezeichneten Bestimmungen nicht widersprechen, oder die Unternehmer der Bahnen überhaupt nicht vorziehen, sich durch eine an die zuständige Aufsichtsbehörde zu richtende Erklärung dem gesammten Gesetze zu unterstellen. Um in dieser Hinsicht eine gewisse Einwirkung auszuüben, kann die Genehmigung von wesentlichen Erweiterungen oder wesentlichen Aenderungen des Unternehmens, der Anlage oder des Betriebes, von einer solchen Unterwerfung abhängig gemacht werden. Falls letztere, von welcher wohlerworbene Rechte Dritter jedoch nicht berührt werden, stattfindet, soll zur Klarstellung der Rechte und Verpflichtungen des Unternehmens in der Regel eine neue Genehmigungsurkunde ausgefertigt werden. Der Zeitpunkt der Unterstellung unter das neue Gesetz ist durch das Amtsblatt der Regierung bekannt zu machen.

## 5. Schluss.

Das Kleinbahngesetz ist mit bemerkenswerther Wärme und Anerkennung in der Oeffentlichkeit begrüsst. Die Erkenntniss, dass dasselbe bei der gegenwärtigen hochgesteigerten Anspannung der wirthschaftlichen Kräfte und bei dem allgemeinen weitgehenden Bedürfnisse der Verkehrserleichterung geeignet sei, der erwünschten Entwicklung eines in Preussen bisher nicht genügend beachteten Zweiges des Verkehrswesens die Wege zu bahnen, hat in dankenswerther Weise dazu beigetragen, die Berathung dieser wichtigen Vorlage in dem Landtage zu beschleunigen. Am 23. März v. J. hat die erste Verhandlung über dieselbe stattgefunden und bereits am 23. Juni v. J. war das mühevolle Werk vollendet. Diese im Vergleiche zu der geleisteten Arbeit ungewöhnliche Schnelligkeit ist zum Theil nur dadurch ermöglicht worden, dass in Folge allseitiger grundsätzlicher Uebereinstimmung über die angestrebten segensreichen Ziele eine wohlthuende Geneigtheit herrschte, auf die Verfolgung mancher Sonderansichten, welche mit Rücksicht auf die Geschäftslage des unmittelbar vor seiner Verabschiedung stehenden Landtages die Fertigstellung des Gesetzes zunächst vielleicht hätte verhindern können, zu verzichten. «Bis dat, qui cito dat!» — Dieser alte Wahrspruch ist hierbei insbesondere auch dadurch beherzigt, dass das Gesetz mit Ausnahme der vom 1. April 1893 ab wirksamen Bestimmungen über die Besteuerung bereits am 1. October v. J. in Kraft getreten ist. Die bezeichnete Ausnahme war deshalb unvermeidlich, weil auf die Kleinbahnen das Gewerbesteuergesetz vom 24. Juni 1891 Anwendung finden soll, welches erst am 1. April 1893 in Kraft tritt.

Die Aufgabe der an der Herstellung von Kleinbahnen und Privatanschlussbahnen zunächst betheiligten und auf dieselbe hingewiesenen Kreise wird es nunmehr sein, die wohlwollenden Voraussetzungen des Gesetzes zu bethätigen. Ein bedeutsames Arbeitsfeld ist eröffnet, auf welchem freilich nicht ungewöhnlich hoher finanzieller Gewinn, jedoch, wie die gemachten Erfahrungen erweisen, bei verständnissvoller Anpassung an die jeweiligen Verhältnisse ein angemessener Ertrag wohl zu erzielen ist.

Insbesondere erscheint es angezeigt zu erwägen, inwieweit durch Kleinbahnen die Chausseen entbehrlich gemacht werden können. Ueber die mit den steigenden Materialkosten und Arbeitslöhnen zunehmenden Herstellungs- und Unterhaltungskosten der Chausseen wird schon seit geraumer Zeit geklagt; der weitere Ausbau derselben wird in Folge dessen gern vermieden, zumal auch ihre Leistungsfähigkeit für die gegenwärtigen vorgeschrittenen Verkehrsverhältnisse oft nicht mehr genügt. Landwirthschaft, Industrie, Gewerbe usw. haben jetzt mit Transportmengen zu rechnen, welche in nicht weit zurückliegender Vergangenheit kaum für möglich gehalten worden wären. Ein Abschluss dieser wirthschaftlichen Bewegung ist zunächst wohl nicht abzusehen, wenn auch zeitweilige Umstände derselben Hemmnisse bereiten können, von welchen zu hoffen ist, dass sie sich dem bekannten Gesetze der Action und Reaction fügen werden. Dieser Glaube muss aufrecht erhalten werden; das Gegentheil würde die Anerkennung des wirthschaftlichen Ruins sein. Und wenn auf die Stärkung dieses Glaubens von recht vielen Seiten mit Nachdruck hingewirkt wird, so wird bei der Erwägung der Mittel, durch welche die zukünftige Gestaltung des Verkehrs gefördert werden kann, zweifellos den Kleinbahnen diejenige Rolle in der Kulturentwicklung zugewiesen werden, in welcher die Chausseen sich jetzt vielfach überlebt haben. Freilich, die Anlagekosten der Eisenbahnen sind beträchtlicher als diejenigen der Chausseen, aber erstere verheissen Einnahmen, vielleicht sogar eine genügende Verzinsung des Anlagekapitals, während letztere, für welche das Anlagekapital »à fonds perdu« hergegeben wird, nur Kosten verursachen. Dazu kommt der ausserordentliche Unterschied der Leistungsfähigkeit zu Ungunsten der Chausseen.

Der Umfang des Bedürfnisses an Kleinbahnen ist natürlich schwer zu beurtheilen. Derselbe wird voraussichtlich mit der Zunahme der letzteren wachsen, wie Aehnliches so häufig bei Wettbewerbs- und Wohlfahrtsbestrebungen wahrgenommen wird. Lehrreiche Beispiele liefern in dieser Hinsicht andere Länder. Nach den bei der Berathung des Kleinbahngesetzes mitgetheilten statistischen Angaben entfielen auf 1 Kilometer der in Rede stehenden Bahnen

| | | | | | |
|---|---|---|---|---|---|
| in Deutschland | 28 813 | Einwohner | und | 315 | Quadratkilometer, |
| » Italien | 13 000 | » | » | 125 | » |
| » Sachsen | 12 000 | » | » | 57 | » |
| » Belgien | 10 000 | » | » | 50 | » |
| » Holland | 5 000 | » | » | 36 | » |

während in Preussen nur 748 Kilometer solcher Bahnen gezählt worden sind und demgemäss auf 1 Kilometer derselben 40 000 Einwohner und 465 Quadratkilometer entfallen. Diese Ziffern lassen erkennen, dass erhebliche Versäumnisse nachzuholen sind, wenn Preussen auf diesem Gebiete den ihm gebührenden Platz unter den genannten Staaten beanspruchen will. Im Uebrigen haben noch über 300 preussische Städte mit mehr als 1000 Einwohnern, darunter sogar solche mit mehr als 10 000 Einwohnern, keine Eisenbahnverbindung. Der Ausschluss so vielfacher Kreise von dem unmittelbaren Antheile an demjenigen Verkehrsmittel, in dessen thatsächlichem Banne die übrige Welt gegenwärtig lebt, bedeutet aber einen wirthschaftlichen Verlust, welcher ebenso unliebsam für die zunächst Betheiligten wie für die Allgemeinheit ist. Die Verantwortlichkeit dafür, auf eine angemessene Aenderung solcher Verhältnisse hinzuwirken, ist daher nicht gering, und es ist dringend zu wünschen, dass diese Aufgabe mit Ernst und Hingebung erfasst wird. Es kann sich hierbei nicht um eine Auffrischung des wenn auch in kleinerem Maasstabe wiederkehrenden, vergangenen Gründerunwesens handeln, denn die Hoffnung auf hohe Dividenden ist in diesem Falle, wie bereits angedeutet, aussichtslos. Andererseits aber sollte auch nicht mit übertriebener Aengstlichkeit vermieden werden, dem kommenden Geschlechte die Sorgen einer etwaigen Schuldentilgung für die Anlage von Eisenbahnen zu hinterlassen, wenn nach bester Erkenntniss die Nützlichkeit derselben in absehbarer Zeit gerechtfertigt erscheint. Für einen solchen Mangel an Wagemuth, dessen nachtheilige Folgen unter Umständen schwer zu beseitigen sein werden, dürften die Nachkommen den Eltern kaum dankbar sein.

Die gerühmte entschlossene Thatkraft der Amerikaner ist unseren Landsleuten oft zur Nachahmung empfohlen. Dieselbe hat auch in dem Verkehrswesen Erstaunliches geleistet, — allerdings neben manchen bedauerlichen Verirrungen, zu welchen die in Amerika fast unheimliche Anbetung des goldenen Kalbes, die ruhelose Jagd nach dem »almighty dollar« in höherem Maasse als anderswo Veranlassung giebt. Das amerikanische Strassenbahnwesen ist überreich an individuellen Eigenthümlichkeiten, in welchen die menschliche Erfindungsgabe mehr oder minder bedeutsame Triumphe feiert. Wie manche Einzelheiten desselben würden auch für die diesseitigen Verhältnisse wohl verwerthbar sein, wenn das Bedürfniss des unbedingten Sichergehens, die Gewohnheit des Festhaltens an dem Hergebrachten der frischen Schaffenskraft die Zügel bisweilen minder scharf anlegen würde, als dies leider oft geschieht! In dieser Hinsicht sei namentlich an die ausserordentlichen Fortschritte des elektrischen Strassenbahnwesens in Nordamerika erinnert. Wie dürftig sind dagegen die wenigen Versuche, welche mit augenscheinlicher Schüchternheit auch bei uns der Elektricität ihren Antheil an dem Betriebe der Strassenbahnen zu erkämpfen bemüht sind! — In der That, die so weit vorangeeilte elektrische Wissenschaft ist berechtigt, sich auf diesem Gebiete über eine Vernachlässigung zu beschweren, und es wäre erwünscht, dieses Unrecht bei dem Aufschwunge, welcher auf Grund des Kleinbahngesetzes erhofft wird, zu sühnen.

Ausserordentlich beklagenswerth würde es sein, wenn die ersten Unternehmungen, welche sich unter den Voraussetzungen des neuen Gesetzes vorbereiten, den gehegten Erwartungen nicht entsprechen oder sogar sich als Misserfolge herausstellen sollten. Alsdann würde mit einem Schein des Rechtes ein wesentlicher Antrieb zur Fortsetzung dieser Bestrebungen entfallen und die Scheu, sich auf dieselben einzulassen, gestärkt werden. Die ersten Unternehmungen dieser Art sind daher mit einer gewissen moralischen Verantwortlichkeit von gewichtiger Tragweite verbunden. Bei denselben wird durch planvolle Organisation und durch wohlüberlegte Wahl der mit der Ausführung zu betrauenden Persönlichkeiten derartigen Befürchtungen mit besonderer Sorgfalt entgegenzuwirken sein.

Die äusseren Formen, unter welchen solche Unternehmungen ins Leben treten, können sehr verschiedenartig sein, je nachdem Gemeinden, Gemeindeverbände, Gesellschaften, einzelne Unternehmer usw. hierbei mitwirken. Einen gewissen Vorzug scheinen diejenigen Unternehmungen zu besitzen, welche sich auf grössere, für dieselben auch wegen ihrer indirekten Vortheile für die betreffende Gegend interessirte Körperschaften (Gemeinden, Gemeindeverbände usw.) stützen und durch letztere auch ohne wesentlichen Unternehmergewinn eine Gewähr der Sicherheit geben. Besonders wichtig ist es ferner, zur Unterstützung der geplanten Bahnen das zunächst berufene Privatkapital heranzuziehen, d. h. diejenigen Privatkreise, welchen durch dieselben in irgend welcher Form — durch Inanspruchnahme von Grundbesitz, durch die Nähe der Bahnanlage, durch die Möglichkeit von Anschlussgleisen an dieselbe usw. — Vortheile erwachsen.

In Folge der natürlichen Wechselbeziehungen der wirthschaftlichen Verhältnisse untereinander würde das Aufblühen der Kleinbahnen auch auf diejenigen Industriezweige, welchen die Beschaffung und Lieferung der von jenen beanspruchten Materialien und Betriebsmittel obliegen würde, eine erwünschte Rückwirkung ausüben. Somit würden Eisenwerke, Maschinenbauanstalten, Wagenfabriken, Kohlenwerke usw. in den Interessenkreis dieser Unternehmungen hineingezogen werden und mannigfache Anregungen für neue Bedürfnisse erhalten. Wie wenig das in Frage kommende Gebiet erschöpft ist, beweisen die landwirthschaftlichen und gewerblichen Ausstellungen, welche fast regelmässig in reicher Fülle Neuerungen und Verbesserungen für das Eisenbahnwesen zur Schau bringen.

In socialer Beziehung können die Kleinbahnen viele wohlthätige Einwirkungen ausüben, welche im Einzelnen kaum noch zu verfolgen sind. Nur beispielsweise sei darauf hingewiesen, dass dieselben mehr als bisher der ärmeren Bevölkerung die Möglichkeit eröffnen, in Vororten und Aussenvierteln gesunde und billige Wohnungen zu erhalten; dass zahlreiche

Kräfte vorübergehend oder dauernd ihren Lebensunterhalt im Dienste dieser Bahnen finden werden; dass durch dieselben die persönlichen Beziehungen unmittelbar sowie durch Vervollkommnung des Nachrichtenverkehrs mittelbar erleichtert werden; dass der durch schnellere Beförderung zu erzielende Gewinn an Zeit für Viele gleichzeitig in Folge zweckmässiger Ausnutzung der Arbeitskraft ein nicht zu unterschätzender wirthschaftlicher Gewinn sein wird.

Dass der Staat allen verständigen Bestrebungen für die Förderung des Kleinbahnwesens seine Unterstützung gern zur Verfügung stellen wird, darf als selbstverständlich angenommen werden. Sein eigenstes Selbstinteresse gebietet dies um so mehr, als derselbe unter dem Zwange der Zeitverhältnisse genöthigt ist, an die Leistungsfähigkeit seiner Angehörigen wachsende Anforderungen zu stellen, welchen auf die Dauer nur dann mit Erfolg entsprochen werden kann, wenn die Möglichkeit einer wirthschaftlichen Kraftvermehrung in die kleinsten Kreise hineingetragen wird. Die Vielseitigkeit der hierbei zu beachtenden Verhältnisse erfordert einen thunlichst weiten Spielraum für die freie Entwicklung der Kräfte, die Vermeidung einer schablonenhaften Behandlung derselben, welche die Eigenart ertödtet, zum Mindesten verkümmert. Dass in diesem Sinne das Kleinbahngesetz Seitens der Behörden gehandhabt werden wird, dafür bürgen bündige Erklärungen von maassgebender Seite, zu welchen bei der Berathung desselben in dem Landtage Veranlassung gegeben ist, dafür bürgt überhaupt die natürliche Logik.

Wenn demgemäss die Förderung des Kleinbahnwesens in gegenseitigem Vertrauen der betheiligten Kreise betrieben wird, so darf die Hoffnung des Erfolges berechtigt erscheinen. Wie die gewaltigen, Länder und Völker verbindenden Weltströme den ihnen zufliessenden zahllosen kleinen und kleinsten Wasseradern ihre Kraft verdanken, so wird die durch viele neue Verästelungen den Eisenbahnen zugeführte verjüngende Lebenskraft dem Verkehrswesen und allen durch dasselbe beeinflussten Gebieten menschlicher Schaffensthätigkeit einen neuen erfrischenden Aufschwung geben. Mit noch grösserer Berechtigung als bisher schon werden auf dasselbe alsdann die selbstbewussten Worte zutreffen, mit welchen im Goetheschen Faust der Erdgeist sein eigenes Wesen schildert:

In Lebensfluthen, im Thatensturm
Wall' ich auf und ab,
Webe hin und her!
Geburt und Grab,
Ein ewiges Meer,
Ein wechselnd Weben,
Ein glühend Leben,
So schaff' ich am sausenden Webstuhl der Zeit
Und wirke der Gottheit lebendiges Kleid. — —

# Inhalts-Verzeichniss.

GPSR Compliance

*The European Union's (EU) General Product Safety Regulation (GPSR) is a set of rules that requires consumer products to be safe and our obligations to ensure this.*

*If you have any concerns about our products, you can contact us on ProductSafety@springernature.com*

In case Publisher is established outside the EU, the EU authorized representative is:

Springer Nature Customer Service Center GmbH
Europaplatz 3
69115 Heidelberg, Germany

**Batch number: 10844623**

Printed by Printforce, the Netherlands